代中国の
想

戸川芳郎

岩波書店

まえがき

わたくしに与えられた放送大学における科目は、基礎科目(人文系)『古代中国の思想』である。今回、中国文明の始まりから、漢魏期にいたる思想の流れを、新たにまとめた。

古代思想といっても、西洋文明の源流をなすギリシャ・ローマや古代オリエントのゆたかな思想、また仏教発生のインドを中心とする広大な地域の古代諸思潮など、ここにはいっさい含まれていない。そして、なぜいま「古代中国」なのか。

これには、当のわたくし自身もとまどいを隠しきれない。わが国の中国研究、わけてもその思想史研究は、現在、一般の関心をひくような、たとえば〈老荘の哲学〉や〈陽明学〉や〈気の思想〉や、に集中しているのではない。ながい中国研究の歴史をもつわが国は、敗戦ののち、戦前の中国理解の基本姿勢が問いなおされ、学校教育での漢文や道徳といった文教政策に密着した傾向性のつよい教学内容にたいしても反省のなされてきた結果、安易に現代的意義をとなえて時流に迎えられることには、われわれはきわめて慎重となっていた。

その研究は、他の世界のあれこれの事情、ことに日本の過去とのからみあいから切り離し、外国文化としての中国文明にたいして、その固有の思想の流れを追究するのに努力をついやした、といってよい。研究対象は、三千年の歴史を上下するとはいえ、ほかの研究分野とおなじく今や各自の専攻は細分化してとどまるところを知らない。そのためもあってか、比較文化とか比較思想といった寛闊な視野に立って中国文明を統体として論断することには、ひどく後しざりしつづけてきたのである。

いま、中国の思想について、現代のわれわれがなにかを求めているということ、これにわたくしが何ほどの準備をすることができるか。自分の専攻は、経学史―漢魏の学術思想の究明にある。漢唐訓詁学といったものに属するにすぎない。その分化された専門知識は、わたくしの非力もあってそれを活かす方法にとぼしい。いっそ百科事典の項目をならべて読みとおすように、中国思想の流れをできるだけ事実に即して紹介する以外に、なすすべがない。そのうえ、かつての諸先学が一定の史観を押しとおして、思想史の叙述に意欲をもやしたようには、現在のわれわれは思想の一貫したとらえ方を容易に信じない。人間の多様なあり方に即応するところの、思想の営みの多面的なすがたの一つ一つにじかに目を向けることによって、われわれの求めにこたえることしかできないのである。

以上は、二年前、放送教育開発センターの企画にかかる、大学放送教育実験番組「ラジオ大学講座」のテキストに冠した「まえがき」(一九八二年十月)である。今度も、これを改めないことにした。ただ、前回のには、漢字文献である原典を掲載し、解説することを通じて、その思想の定着した具体的なすがたを読者とともに見つめ味わおうとした。今回は、その部分をとり除き、不足していた漢代思想をあらたに書きくわえ、やっと漢魏の交にまでたどりついた。しかし当初に計画した、六朝・隋唐を通じての思想の流れ、それを見るまでにいたらなかったことは、やはり残念でならない。

一九八四年十二月

戸川芳郎

目　次

まえがき

1　〝仁〟と孔子 …… 1

周代文化の基礎――古代宗族制の世界――が再編にさしかかった春秋後期、はじめて人間関係のあり方を自覚した孔子が出現する。この儒家の開祖の思想と行動を時代の様相とともに説明する。

2　墨家集団の思想 …… 12

礼楽文化に依拠した儒家の思想基盤をおびやかす墨家の、〝兼愛・交利〟の考えと党派的な結社集団の行動軌跡をたどる。〝非攻・節葬〟の社会批判や〝尚同・天志〟の政体論にも言及する。

3　孟子の王道論 …… 26

戦国期の社会変動のただ中、聖人孔子を聖王の系列に加えた孟子は、その正統伝道者として王道政治の理想を遊説する。〝仁義礼智〟を支えた性善説を紹介し、その思想史上の評価を行なう。

4 荘子と老子 …… 38

人為を排した「全性保真」の養生論と相対世界を脱して〝斉同〟の真実在をもとめた荘周の夢は、古代観念論の極致である。後続の『老子』の〝無為而無不為〟の政術をもあわせ論ずる。

5 〝礼〟と荀子 …… 50

古代中国は、荀子の指示する方向に進んだ。天人の分離・後王思想・性悪説によって〝礼法〟秩序を支える根源を現実の実力者王者の権威に帰した。この、法家思想を導いた内容を伝える。

6 諸子百家 …… 63

儒墨二大集団のほかに戦国中・末期に活躍した遊説の士のうち、のちに名家――恵施・公孫龍――、法家――商鞅・申不害・慎到・韓非――、縦横家、兵家と称される思想家の行動をあつかう。

7 陰陽思想と「易伝」 …… 78

中国の生んだグローバルな思想とは、漢初の陰陽二元と五徳終始の説である。〝変易〟原則を説く「易伝」へも習合され、自然と人事を包括して、形而上の一者〝太極〟の概念を生む。

8　司馬遷と歴史記録……92

叙事巨篇『史記』に現われた司馬遷の意図をその列伝を主軸に窺うとともに、周代伝来の政事記録——『尚書』と『春秋』を紹介する。加えて春秋学とその三伝を説明し史家の体例に論及する。

9　黄老思想と董仲舒……109

雑家の書『呂氏春秋』と『淮南子』を黄老思想を媒介にして説明する。一方、国教に立った儒学の教義、董仲舒の政治理論——天人相関の陰陽災異思想、春秋三統説、君権則天主義を述べる。

10　儒教と経学……123

王朝支配の体制教学として前漢後期から清《しん》末に及んだ儒教について、その特徴を綱常倫理・修己治人・名分論・世俗権威にわけて概観し、その学術の内容——経学——の史的展開を跡づける。

11　漢家の復興……137

王莽新の簒奪政権をはさんで、当時の学術・文化を象徴する、劉向父子と班氏一族の事業を紹介する。前者の中秘書の総合整理、後者は劉漢受命説に立つ断代史『漢書』の編纂である。

12　讖緯思想と王充 …………………… 151
陰陽災異説から「以往知来」の予言化が進み、図讖の政術利用と緯書の出現に及ぶ。その批判者王充の唯物論的な気一元論と徹底した命定論を紹介し、その頌漢思想との関わりを述べる。

13　許慎と鄭玄 …………………… 165
学官と学制が整備された後漢礼教国家は、学術の分化と論争をよび、また総合解釈へと動く。漢唐訓詁学を代表する経学大師——許慎と鄭玄——を登場させその閲歴と学問のあらましを見る。

14　生成論と〝無〟 …………………… 178
「太極」「元気」の統合概念が成立すると、後漢期を通じて宇宙生成論が発達し魏晋期に三気五運へと展開する。その展開の様態を追究する一方「無」の存在論の深まりを王弼の所説に見る。

15　人間史のこと …………………… 192
人間社会の歴史を遡って、その開闢に及び、宇宙生成と人間史とを継ぎ合わせたのは、魏晋期である。史体通史の創制とその盛行を通じて歴史意識を探る。末尾に、中国思想をまとめる。

1 〝仁〟と孔子

中国の歴史のうえで、はじめて人間関係のあり方、つまり人倫道徳を自覚し、その理想にむかって行動した思想家は、孔子である。

まず、その孔子の事跡から述べよう。

孔子の経歴

孔子は、春秋末期(前五五二)、魯《ろ》国に生まれた。孔《こう》は姓、子《し》は男子の美称で〝先生〟にあたる。名は丘《きゅう》、字《あざな》は仲尼《ちゅうじ》。祖先は、殷王族の後裔が封ぜられた宋《そう》の公族で、のち魯に亡命した没落士族の子孫とされる。

三歳で父を亡くし、貧困のうちに生長した。はじめ魯の下級官吏となったが、好学心にあつく、魯国に伝わる西周《せいしゅう》以来の伝統文化の習熟につとめた。三十歳なかばにして魯の国都曲阜《きょくふ》(山東省)の一隅に学園を開き、門弟を集めて教化活動につとめ、のちに儒家と称せられる教団を形成していった。

みずからの理想にむかって行動した孔子は、伝説によると、あえて政争の間に身をおき、一時、魯国の司寇(法務長官)となって対抗者を圧する処置にでたといわれるが、日常おこなった政治批判の言動の結果として、実権者三桓氏《さんかん》の一、季氏《き》と衝突し、ついに母国を追われた。五十六歳から門弟をともなう諸国遍歴をよぎなくされ、衛《えい》・宋など黄河流域を歴訪。当時の覇者の晋《しん》・楚《そ》両国に入訪することもできず、淮河《わいが》流域の陳《ちん》・蔡《さい》地方にまで逃避したが、のちの道家思想の流行するこの地域の住民には、孔子一党の思想行動まで批判された。

母国の政情の変化によって、十三年の貧窮の流浪のすえに帰国しえたが、政治の現情に望みを失い、巻懐《けんかい》(才能を隠しきった)の人として学園生活に復帰した。晩年は、門人の教導に専念するとともに、西周いらい伝わった古典の整理につとめ、七十四歳(前四七九)で没した。

孔子の事跡と思想は、その言行を忠実に伝えた『論語《ろんご》』を基本に、『春秋左氏伝《しゅんじゅうさし》』『礼記《らいき》』などが参考になるが、『史記』孔子世家《せいか》は孔子没後から秦漢期までに形成された説話をもとに編年ふうに記述し、史実とするには検討を要する。

孔子の学園

孔子の開いた学園は、師と同じように下士を中心にその前後の階層の子弟が集まる私学校であった。遠方からの留学生もいて宿舎があったらしい。学生は士人として官吏になることを希望したが、なかには陶冶と研鑽にながく学園に留まるものも出た。

いったい、中国には古くから学園は存在していた。殷《いん》の「学」とよぶ機関には、多《た》子《し》(殷王族の子弟)や多《た》方《ほう》の小臣(諸氏族の子弟)が通学していた。周代にはいると、祭典の神都豊京《ほうけい》に聖域の「辟雍《へきよう》」があった。そこは氏族制時代の公共の祭場であるとともに集会・教育の場を兼ねたが、のち発展して王族の子弟を教育する大学となった。魯にも「泮宮《はんきゅう》」とよばれる小規模の辟雍が設けられている。ここは魯国の聖域であって宴会・射儀・奏楽をとり行ない、また貴族の子弟を教育する国学であった。おもに占ト・祭式・儀礼・音楽・戦技などを教える機関であったもようである。

私人孔子の学園は、血縁地縁を重視する当時にあってはまれな人間関係、共同生活をつうじて孔子を〝師〟と仰ぐあらたな「朋友」集団を生みだした。『論語』の中核部分はこのような生活の記録である。その冒頭の「学んで時にこれを習う。また説《よろこ》ばしからずや。朋《とも》あり、遠方より来たる、また楽しからずや。人知らずして慍《いか》らず、また君子ならずや。」(学而篇)は、まさに師弟共同体の充実した歓声である。

その孔子の教育とは、なにを目指していたか。門弟に課した教科に、「徳行・言語・政事・文学」がある。この四科とはそれぞれ、人間としてのすぐれた行為、正確で優雅な言語表現、官吏として政務に従事する能力、学識経験、であった。くわえて伝統的な礼楽《れいがく》文化の教養として儀容と奏楽、さらに『詩《し》』『書《しょ》』など当時に伝わった古典の理解が要求された。門人の希望する士人としての、ふさわしい人間の完成を期したのである。

「仁」について

そもそも、孔子がかかる教団をむすぶなかで創唱したものは、なにか。〝仁〟にほかならない。

人間を結ぶ親愛・慈孝の心情に注目し、忠恕《ちゅうじょ》(まごころと思いやり)をともなった人間らしさの徳を〝仁〟の内容とした。この仁の徳にもとづく「修己治人」を根本とする教えが、儒学《じゅがく》の源泉である。

もともと仁は「人《じん》・佞《ねい》」に通ずる意味があり、挙措や弁舌に〝見ばえのする人がら〟、また「男《だん》・任《じん》」の語とつながって〝雄雄《おお》しい、りりしい〟男ぶりの外貌上の美貌をさした(『詩経』盧令、『書経』金縢《きんとう》など)。容姿・身体の美形から〝よき心ばえ、すぐれた器量〟といった内面的な美質としての親愛・温和の感情を形容するようになるのは、春秋中期以後とされる。

宗族制社会の当時にあって、開かれた「朋友」集団をみちびいた孔子は、仁(*ńien)のあらわすねっとりした親密さをとりあげて「それは人を愛することだ」(『論語』顔淵篇)と直截に説いているが、この和愛の心情を学知と勇気をもって実践し、古来の貴族集団のたもってきた、情操の陶冶をはかる礼楽文化(斯文《しぶん》とよぶ)の担い手としてみずからその復興に執念をもやした。かれのこの好学と実践倫理の一致は、士人にあっては治者がわに立った政術に直結し、仁徳は「修己治人」すなわち自己修養をとおして自他の人格を完成にみちびき、倫理的にすぐれた社会の建設をめざす徳治主義の根本をなすものであり、道徳実践に卓越する〝君子〟をその理想の為政者として希求した。

また、宗族制の家族道徳として、孔子の重視した孝悌《こうてい》は、家父長的な人倫秩序のなかにある父子・兄弟間の偏務的な習俗であるが、それが仁愛によって支えられるべきことを強調した。とくに子の孝、つまり父母に対する温和でこまやかな愛情が説かれ、したがって孔子の〝仁〟とは、親近なものから疎遠なものへと順序差等のついた愛情をさすのであって、のちの墨子《ぼくし》などが説くような兼愛(無差別愛)を説いたのではない。

悌とは、弟の兄に対する従順を勧める習俗であるが、ひろく地域社会における年長者への尊敬と従順が、仁愛とともに説かれたことは注目される。

後世の仁の徳の、現実のすがたは、厳格な上下身分秩序のなかで、父子・君臣の、優者の慈恵と劣者の報恩、治者の仁愛と被治者の忠貞という傾斜した内容のものになっていった。ただし、仁の語義として、鄭玄《じょうげん》(一二七—二〇〇)の訓詁が後漢の常用語「相人偶」のその「人」の意味だとし、人間相互に生ずる親しみ(仁=「人」)を、あたかも病者を自分からひき離せない間がらとして親切に存問し慰労するような心情、とした。この解釈は、現在もなおよく仁の内面を理解したものとして尊重されている。

孔子の思想的立場

また、彼の思想行動は、周初の政治家であり魯の祖宗でもあった周公《しゅうこう》を追慕し、西周初期の礼楽文化の再興にむけて使命をおびる。文王《ぶんのう》・武王といった先王の徳業をたたえた『詩』『書』を学び、その知識と不断の思索をへて、周公の制作とされた〝礼楽〟にのっとって〝仁〟の表現形式をみずから体現しようと努めた。『詩』についていえば、「思い邪《よこしま》なし」として古代詩人のその純正な精神をたたえている。

また、その政治的主張としては、宗族制血縁集団をささえた旧来の貴族領主間における社会儀礼である礼楽体制を、この仁とよぶ普遍性のたかい愛情の基礎のうえに据えなおすこと、つまり周王室から諸侯の覇者へ、公室から卿《けい》大夫へと、支配の実権が移りつつあった春秋後期の、崩壊のせまった貴族統治者層の内部的秩序に、時代に応ずる内面的な倫理性を付与することにおいて、その再生維持をはかったのである。この意味で、旧来の文化意識を保守し、治者としての君主の教養には「詩に興《おこ》り礼《れい》に立ち楽《がく》に成る」(泰伯篇)ことを要請し、被治者としての小人《しょうじん》からは、みずからをきっぱりと区別した。

　かくて、貴族領主制における公室の回復に積極的であった徳治主義の提唱は、礼楽文化にもとづく託古改制の思想によって、魯国の実権をにぎる貴族集団の三桓氏に批判的とならざるをえなかった。うち最も有力で僭主の地位にあった季氏の専横を非難し、時にはその政権を打倒する計画に加担する姿勢さえ示した。

　さらに、孔子の意識にあった思想上の対立者は、法的平等の要求によって家父長制の家族道徳〝孝悌〟をないがしろにする動きであった。以下は『論語』に見える主張。窃盗犯の父親を告発した正直な子を「子たるもの、父のために隠すこそ、直はその中にあり」として、方直さの孝悌的あり方を論じて反論し、それを正名主義として唱えた。「名が不正だと、言は不順で事も不成功。そうなれば礼楽文化は衰微し、刑罰は不当になる。かくて人民の日常は恐怖におちいる。」(子路篇)とし、〝名を正す〟ことつまり事物の実質を正確に認識できる称呼(よびな)を保持すること、すなわちこの名実の正しい一致とは〝礼楽〟的貴族領主制の君臣・父子の身分的秩序を乱さず、孝悌道徳の壊敗を許しえぬ立場を表明するものであった。

それには当時、すでに鄭《てい》の子産《しさん》や大国晋《しん》の范宣子《はんせんし》の刑法が、刑鼎(法文を鋳造した銅器)に公開されており(前五三六、前五一三)、この情勢の背景をなした「礼を棄て」(『左伝』昭公六年)て法的権利を主張する新興勢力がのびてきており、孔子は、このままでは晋国は貴賤の区別が無視されて、衰亡するであろうと予言し(『左伝』昭公二十九年)、裁判にうったえて利害の保障をもとめる行動をにくんで「必ずや訟《しょう》無からしめん乎《か》」(顔淵篇)と言いきった。民間の利権訴訟を弁護した鄧析《とうせき》(?—前五〇一)らが、その敵対的な行為者であった。彼は、「両可の説、無窮の辞」(双方に通用する、結論の出ない議論)を用いて初期名家《めいか》(論理学派)として名をとどめるが、実際は孔子と同時代の、公開された成文法を根拠に従来の被治者商人層の権利を擁護する急進行動派であったらしく、法権のもとの平等主義を忌避する孔子ら改良主義派に敵視され、ついに殺害されるにいたるのである。

孔子は、その生涯を十五歳の「志学」すなわち知的探究の開始から、六十歳の「耳《じ》順《じゅん》」つまり人間生活の多様性を認める余裕ある態度にいたり、さらに七十歳で随意の行動すら人間のおのずからとる規則に合致しえた、と述懐した。そこにはすでに学識経験の蓄積こそが道徳的価値を構成する必須条件である、とする方法が存していて、孔子以後の儒家《じゅか》思想をつらぬく、知識と道徳の一元的統合がここにその祖型をあらわしている。また、その知的教養には、人間社会の事象に対する博学と深思の知識欲がささえとなっており、なかんずく古典音楽の愛好がふくまれていたのは、父祖以来の祭祀儀礼に従事した、特殊技能をそなえた環境に由来するものであろう。

後世の孔子評価と『論語』

孔子に教導された門弟の多くは、士人として変動のはげしい社会にあって仕官し、それぞれ治政の改革に活躍した。儒家の教えとしては、「忠恕」の〝仁〟を中核に道徳の内面性の拡充をめざした曽子《そうし》学派と、仁の表現形式である礼制を尊んでその社会性を重視した子游《しゆう》・子夏《しか》学派とに、二大別される。前者は、現実の政治や儀礼に執着することを拒み、学園の「朋友」共同体を保持しようとしたが、後者の子夏は魏《ぎ》国に仕えて礼学の専家となり、孔子を通してもたらされた西周文化の粋、礼楽や経典はこの派によって伝承された。

孔子は、戦国期すでに儒家の徒から、聖人《せいじん》として崇められた。前漢の武帝が、儒学を国教と定めて対抗する学術を排除し(前一三六)、儒教が王朝国家の政治原理となると、政教上、孔子はその祖師として神格化された。釈奠《せきてん》は、この聖人大成至聖文宣王《だいせいしせいぶんせんのう》とのちに諡号《おくりな》された孔子を祭るところの国家行事であった。二千年来、封建専制の支配勢力に利用された儒教は、民国革命後と現代中国において、その政治的功用を封じこめる目的で、はげしい孔子批判をまきおこしている。

『論語』二十篇は、孔子やその門人たちの言行、または師弟間の問答を中心に記録した書物である。体裁や書名は、漢代にはいって確定し、現在の形は後漢の学者鄭《じょう》玄《げん》の校定したもの。孔子の人物と儒家思想の源流を知るもっとも確かな文献である。五百条たらずの簡約で含蓄のある言葉の集積で、その編成の順序にも格別の意味はない。ただ、古い部分の前半「上論」では、門人との対話を通じて個々の人物像が浮彫りにされ、後次の成立とみられる後半部の「下論」には、政治活動に関する内容に富んでいる。

儒学の国教化に伴って、『論語』は、五経《ごきょう》(『易経《えききょう》』『書経《しょきょう》』『詩経《しきょう》』『礼記《らいき》』『春秋《しゅんじゅう》』)に準ずる経典として尊奉され、『孝経《こうきょう》』とともに知識人子弟の基礎教養の書と目された。さらに十二世紀末におこった朱熹《しゅき》の学により『大学』『中庸』『孟子《もうじ》』とならんで四書《ししょ》の一つとなり、近世儒教の重要な教書となった。

このように儒教の聖典として士人層に誦読された『論語』は、庶民の間にも教養書としてふかく浸透したばかりでなく、アジア諸地域にも広汎に伝わり、十七世紀のヨーロッパでは翻訳紹介され、世界文化史のうえで、大きな役割をはたしてきた。

わが国では、応神《おうじん》天皇の十六年(『日本書紀』)に、百済《くだら》の王仁《わに》によって『千字文《せんじもん》』(漢字教習用の書)とともに伝来したのが、公式に漢籍(中国書籍)が渡来した初めでもある。いま、それは五世紀の初めに比定されている(四〇五)。「養老令《りょう》」でも『論語』は学生の必修書とされたが、朱子《しゅし》学が十四世紀に伝えられ、徳川幕府の教学体制がかたまる江戸初期になると、『論語』は上下を問わずひろく読まれて、計りしれない影響を日本文化に与えることとなった。

2 墨家集団の思想

孔子の教説は、城邑《じょうゆう》国家の貴族領主制を背景とした小世界の復興を理想としていた。それは、士以上の、公室と卿・大夫といった階層のけじめのある社会、つまり礼楽文化を主眼とし、君子と小人《しょうじん》を区別する、家父長・年長兄の孝悌秩序をなによりも重視した。

しかし、すでに城邑を単位とする小世界が崩壊の危機にあった現実において、孔子の仁愛の思想を受けたという墨子《ぼくし》によって、大胆にもその孔子の教えを修正する強力な思想行動がおこされた。

ここで、春秋期にいたるまでの、中国文明の史的展開をみておこう。

時代は、ほぼ前十三世紀の初期から以降、王朝でいえば殷《いん》代後期と周《しゅう》代にあたるが、その、ながい萌芽期をへて、思想を表現する形象や記号、なかんずく文字（漢字）の出現によって、中国文明は歴史時代にはいった。

はじめ、その文字も思想も、殷の貴族の管理するところであった。彼らは聖職者であるとともに呪術師であり、その精神は鬼神の支配下にあった。殷族は連合諸氏族の団結をめざし、その統率者である殷王は、祖先神をはじめ天地山川をふくむ神がみを祭り、日常の行事はすべて占卜によって神意が決定した。氏族連合の団結のため、祖先祭と祈年祭を中心に、祭祀そのものがそれをささえる重要な手段であった。

この鬼神の支配は、祖先神や自然神を主宰する最高神にあたる〝上帝〟にそれが露骨にみられるように、下界の人間の一切の運命を支配するだけでなく、日月風雨の作用を左右して年穀の豊凶を決定し、人心の向背を察して禍福賞罰を降すという威力を行使した。

周王朝が、前十一世紀半ば、祭政を独裁していた殷の王室を打倒し、農耕や作暦、青銅器の鋳造などの多くの技術を継いだ。この殷周の交代には、かつてない人間の創意と努力を要したにちがいない。それまでの鬼神一辺倒の傾向をあらため、人間本位の人文的精神をもった周人《ひと》の文化が興起した。「殷人《ひと》は神を尊ぶ。民を率いて神に事《つか》え、鬼《き》を先にして礼《れい》を後にす。……周人《ひと》は礼を尊び施《ほどこ》しを尚《とうと》ぶ。鬼に事え神を敬《うやま》うもこれを遠ざけ、人に近づきて忠なり。」（『礼記』表記篇）と。

周族は、もと渭水《いすい》流域（陝西省《せんせい》）にさかえ、建国の当初、連合諸氏族と協力して殷の支配圏を征服するが、いく世代もの経略のすえに、いわゆる〝封建〟城邑国家の体制をしいた。すなわち周王を中心にその同姓の血族および同盟氏族を天下の要地に配して采地を与えて領主とし、その軍事的経済的な奉仕によって、王室の存立をはかった。古代〝封建〟制である。

その周王朝は、前八世紀初めまでの鎬京《こうけい》(陝西省内)に首都をおいた西周期と、前七〇年に副都であった雒邑《らくゆう》(成周、河南省洛陽)に東遷して以降の、東周期とにわかれる。

周代貴族の文化

孔子を中心に初期儒家が編集した西周いらいの古典『詩《し》』『書《しょ》』には、周初の文王・武王、成王・康王らの治績、周公・召公ら功臣の所業のかずかずが謳われる。西周期の金文《きんぶん》(青銅器の銘文)と照合して、それらの文体・内容ともに、古代事実に近いことが知られる。

周代貴族の思想と文化を、これらから総合すると、一、天に対する信仰、二、祖先神への崇拝、三、〝礼楽〟を生活規範とする意識、がみとめられる。

その神秘で不可測な〝上帝〟の意志にかわって、周人は占卜段階をなかば脱しつつ、呪術儀礼によって天を祭った。天も、儀礼を嘉納して周室の秩序維持に神意を降した。

この神意は、周王の〝封建〟領主国家に対する統治を認めるとともに、祭り祈るがわの人間的意識を反映していった。たとえば、殷の滅亡した原因には過度の飲酒による政治・軍事の壊敗を指摘して天命喪失の必然的帰結と断ずる一方、周は先王らの明徳を積んで殷の暴政から人民を解放した功績によって、新たに天命を賜わったと宣言する。強調されたのは、鬼神の力に取ってかわるべき人間の徳であった。修養して得られる社会的道徳的能力である。その人徳は「惟《こ》れその徳を敬《うやま》わずあればこそ、(殷は)早《つと》にその命《めい》を墜《おと》せり」(『書』召誥)と。とくに〝文王の純徳〟にのっとり教養をみがき他人の忠告を入れ天威を畏れよ、とする臣僚への戒告には新興王者らしい為政者の責任感があふれ、またそれが後世における易姓《えきせい》革命の思想に論理的根拠を与える源泉ともなった(『書』酒誥、『詩』大雅「文王」・周頌「我将《がしょう》」など)。

古来の習俗である祖先神崇拝は、古代中国にあまねく見られるが、周人《ひと》は宗廟の制を整備した。酒食を盛った礼器をつらね鐘鼓を奏して、霊魂となって上帝の側近から下界の子孫の忠勤をみそなわす祖先神を敬虔に祭った。そして周の王侯貴族がもっとも自負した文化意識は、かかる宗廟での祭祀や、宮廷での任命、戦場での賞賜など、さまざまの人的接遇・対外折衝における諸儀礼に表現された。儀式に参加する成員の動作・言語・服装などの儀容をとおして、そこに優雅で節度ある調和の美を精神生活の上にはぐくんだ。

礼楽文化

この礼俗としての儀礼の蓄積を背景に、宗族制の血族集団や郷村聚居の共同体社会には、〝礼楽〟が宗主・族長を頂点とする家父長制的な尊卑秩序の実践規定となった。それは実際には〝冠・婚・葬・祭〟といった通過儀礼の際に、その儀式の進行上、規定しておかなければならない構成員の人間関係を細部にわたって指示する格法(日常的作法)をとおして顕現することになっていた。

この、礼の規定は、歴史的にはその適応範囲を拡張し、城邑国家の君臣関係や国際上の外交関係にしめされる、統治者層相互の内部的秩序の維持規範にまで及んだ。周代貴族の上下尊卑の体制をはかる礼は、かくてつとに人倫秩序の一般原理へと観念化され、孔子はまた、前章で述べたように人間に普遍な慈愛としての仁にそれらを包摂しようとした。

そして、つぎに述べる墨家《ぼくか》の思想行動に対抗した儒家は、伝統的な礼俗を基盤とした尊卑差等の倫理思想を形成し、支配者層を一定の身分的存在としてとらえて王・侯・卿・大夫・士に分層するところの、礼法体制による秩序維持が、社会・文化の中核となるべきであると考えた。

ここで、墨子《ぼくし》とその思想行動、それを受けついで活躍した墨家について述べよう。墨子は、名は翟《てき》、孔子のあと前五世紀に出現し孟子《もうし》以前の前四世紀はじめころ没したらしい。その活動は、戦国初期にあたる。宋《そう》国の出身とされる(『史記』荀卿《じゅんけい》伝ほか)。宋は、商丘《しょうきゅう》(河南省内)を国都とする商(殷)族の後裔が封ぜられた城邑である。古来の習俗に固執して国力も振るわず、春秋戦国期の笑話にしばしばその主人公として登場する。しかし、宋人《ひと》は時に周文化の批判者として現われる。墨子とその思想集団には、その要素がうかがわれる。

墨子の出自は、工匠階層であった。社会的には、士農工商として商人とともに農民より下層とみなされた。彼の伝記が不明なのもこの下層身分に由来しよう。彼らは、たかい技術水準を保ちながらその創意や主体性はほとんど無視され、おおく官府や貴族に隷属し、一族ことごとく世業に従事していた。その工匠たちは、工人の族長としてその集団を統率しながら主として統治者層の消費生活に奉仕していた。

墨子は、若いころ魯国に赴き、史角《しかく》の遠孫にあたる礼《れい》の専家から郊廟《こうびょう》の礼を学んだ。天地を祭る郊祭と祖先を祭る廟祭は、正統的な古礼である。また、儒家から孔子の術を授けられた、と伝えられる(『呂氏春秋《りょししゅんじゅう》』当染篇、『淮南子《えなんじ》』要略篇)。孔子の思想から多くのものを受けとめながらも、周代貴族の礼楽文化のもつ差等主義には徹底して反発したようである。

墨子の思想

さて墨子は、まず「兼愛」を標榜した。

社会の動乱は、人間の一方的な利己心による人間関係の分裂、相互愛の欠如に発する。父子・君臣間の、また大小領主間の、紛争をなくして世界を平治して幸福をもたらすには、各自の自利を否定して「人を愛すること、其の身(自分の肉身)を愛するごとく」しなくてはならない、と(『墨子』兼愛上篇)。

当時の倫理が、儒家が立脚したところの、上下尊卑をきびしく差別する、強者から弱者への偏務的な〝孝悌〟の秩序にあった事実に注意すれば、父子・兄弟や君臣の双方に対し、相愛を勧める点に、すでに独特の主張がある。人倫の双務性を宣言することは、当時の人間関係からみれば、明らかに弱者救済の精神にねざすと同時に、家父長的な家族倫理の否定につらなり、のちの孟子《もうし》から「父を無《な》みする」ものときびしく攻撃されるゆえんである。

そして弱者支持の思想から、弱肉強食を拒否する。「非攻」の首唱は、強者の侵略戦争に正面から非難を浴びせる。〝日常身辺におこる犯罪なら、君子たちは窃盗・殺人の罪など軽重を正当に批判し区別できる。ところが強盗殺人罪を何百倍も凶悪にした侵略行為が突発すると、世の君子たちはこれを非難するどころか、正義の戦争などと称賛し、たくみに黒を白と言いくるめ、記録にまでとどめる〟の要旨（『墨子』非攻上篇）が示すように、素朴ななかにも、政治・道徳の指導者たるべき君子が侵略戦争に直面して、価値観を逆転させて世論をかってに操作する事実にきびしく抗議している。

他人を侵害し自利だけを謀る態度を世界分裂の根源とみなす開祖墨翟の主張は、のちの「交利」と異なって「利」を相愛や仁・義の対極にすえて拒絶した。おそらく初期儒家から直接の影響を受けつつ、さらにその差別愛をのりこえようとして、この兼愛・非攻のスローガンを唱えて、楚・斉・魯・衛・鄭などの諸国を遍歴したのである。同時に、世襲的尊卑秩序の政治体制に、賢能・勤労主義を説いた。「尚賢」の思想である。戦国期領主にむかって、仕官の任用のさいの親親・尊尊主義による親疎の差を撤廃し、能力・業績主義にもとづくべきこと、農民工人など身分にかかわりなく有能の人士を採用すべきこと、を主張した。「官に常貴なし、民に終賤なし」（『墨子』尚賢上篇)として民衆の力量を評価し、中国古代思想のうえに比類ない態度を表明している。

墨子はかくて、戦禍のせまる弱小の城邑を防衛すべく、組織行動に移った。その防禦集団は、工人・戦士・商人・巫《ふ》医などの出身者から成り、土城の構築や補修、守禦施設や兵器の作製、防衛戦闘・経理・救護などの任務を分担した。それは、楚国の侵略から宋国を身を挺して救った説話に代表される(『墨子』公輸《こうしゅ》篇)。

墨家の思想と行動

墨子の行動を継いだ集団は、巨子(鉅子《きょし》)とよばれる強力な統制をしく指導者によって率いられ、以後二世紀のあいだ歴史を生きぬいた。渡辺卓《たかし》氏によれば、それは初・中・末の三期の墨家にわかれる(『古代中国思想の研究』)。

初期墨家は、開祖の主張を祖述して、拒利にもとづく兼愛・非攻および尚賢を唱えて、弱小城邑の防衛に挺身した。禽滑釐《きんかつり》や孟勝《もうしょう》(許犯《きょはん》)が、墨子を継いだ巨子たちである。ただ孟勝のとき、楚の陽城君の委託防衛を担いきれず、前三八一年に一党百八十余人が集団自決を遂げている(『呂氏春秋』上徳篇)。これは、楚の君権強化政策の渦中にまきこまれておこった、「非攻」防禦の大きい挫折であった。

中期墨家は、孟勝の遺託により巨子に指名された宋の田襄子《でんじょうし》(田繫《でんけい》)によって再建された。目前に展開する弱小城邑の絶滅と広大な領域を収める領土国家の形成のなかで、墨家の集団組織も分業・利益交換・団結の必要を学びとり、拒利的立場をすてて「兼愛交利」にもとづく非攻・尚賢を唱道した。それは富国強兵をめざす戦国期領主の要求にかない、さらに支配層の消費を禁じて勤倹と生産の緊要を説き、「節用・節葬・非楽《がく》」を標榜した。厚葬・久喪の礼楽文化を強調する儒家とは反対の、労働力増加のための人口政策をも提唱している。

前四世紀後半に、秦国にはいって恵王(前三三八―前三一一在位)以下に仕え、その国策に協力した秦墨《しんぼく》は、中期を代表する墨家の転回を示す(『呂氏春秋』去尤《きょゆう》・去宥《きょゆう》・首時の各篇)。強大な領土国家の法令や刑罰に依存しつつ集団組織は拡大強化され、用語や術語を定め、論理と表現をきたえて自説の拡張につとめ、儒家に対抗して経典を編集して論証をつよめるなど、思想体系を整備した。『墨子』の兵技巧《へいぎこう》に関する部分は、秦の攻略した城邑を確保するための防禦戦術の記述であり、墨弁《ぼくべん》とよばれる名家《めいか》(論理学派)に類した論証法や自然学にかんする著述(『墨子』経・経説・大取・小取の諸篇)が、この期に生まれた。

後期墨家は、伝統的な兼愛・非攻を標榜しながらも、組織行動の経験から、治者の信賞必罰(兼愛下篇)を行使し、非攻に反して王者の誅伐を容認する(非攻下篇)など、統一〝天下〟を目ざす強大諸侯の情勢に即応していった。その間に、上意下達の徹底を説く「尚同」論やその究極に天意を求める「天志」の大義を唱えた。

この期の墨家は、現に〝千人千義〟の不幸、つまりそれぞれの個人が他人と共同する意志のない自利の主張をもつゆえの不統一があり、現実を混乱した小社会の〝家国〟群とみて、それらを〝尚同一義〟の大社会に統一することを唱えた。尚同一義とは、尚《かみ》にむけて義を同調させること、下級者の意志に歩調をそろえるのではなく上級の管理者に同ずる体制を志向するいみである。

それは、左右に党与して闘争をいどむ〝家国〟社会を、上下きびしい階級秩序にくみかえて、下から上へ義を同一にする新たな統合社会を目ざすものであった。千義の私から一義の公へ、個人の主体性や意志をすてて、直属上級の公義に同調し、その体制を愛利することを要求した。〈天＝天子―国君―郷長―里長―（家君―）衆民〉の衆民は、天子・国君の公義つまり専制統治の意志に収斂されるように尚同され、その頂点にたつ天子は、他方で人格神〝天〟によって天の申し子としての資格が与えられる。人間社会は、かくて上《かみ》なる天神が君臨し、厳正無私の差等階層を構築し、最高絶対の上天に根拠づけられたこの大社会には、彼らのいう〝天均〟――上天のもとに共通原理の均一にして同一なる世界が実現する。結束の強固な巨子――工人集団の、一糸乱れぬ上意下達の隊伍組織がもつ成員の人間関係がその基底にあって、それが〝天下〟社会の構成原理にまでそのまま拡大適用された、と考えられる。

また、集団行動の基準の、至公の義とは〝天之《し》〟つまり「天志」(天意)である〈生・富・治〉のことであり、死・貧・乱は不義そのものとなる。天の意志に服従すべく義務づけられた〝天下〟体制の天子は、「天下の義を総べて、以て天に尚同し」なければならず、この天なる大義〈生・富・治〉の実践躬行《きゅうこう》こそ、天下人民の千義を総攬するものであった。これが彼らのいう「国ごとに政を異にする」戦国社会の克服を目ざしたものであるが、ここにその行動を「義なるものは、政なり」、上天に尚同する大義こそ人民を正しく治める政治原理だ、と自覚させたはげしい積極性が認められる。

さらに、あわせ唱えた「明鬼・非命」の両論は、上帝や祖霊などの天鬼の命令に従って人間の営為を尽くせば、そこに固定した宿命論の成立する余地はなく、鬼神がただしく人為に賞罰の評価をくだすものであると主張し、統一事業を目ざす強国の君主・官民を激励した。

墨家の最期

宗族や郷党に思想の基盤をおく儒家に対抗した、社会下層の弱者支持を標榜する墨家は、その中・末期の実践的な組織活動によって、〝儒墨・孔墨〟と並称される党派勢力を誇った。そしてその党派性のゆえに、はやく二墨ないしは三墨に内部分裂をおこし(『荘子』天下篇、『韓非子』顕学篇)、互いに〝別墨〟として非難抗争をつづけ、ついには解体の道をたどるのである。

この、勤労・効用主義に徹した墨家集団は、覇権をきそった戦国儒家から敵意をこめて「用に蔽《おお》われて文を知らず」(『荀子』解蔽篇)と、人情にもとるとして薄葬・非楽の反礼楽思想が非難されたが、周代文化に背をむけた夏禹《かう》の政治というこの勤倹節用の口号《スローガン》は、乱世をへた秦漢帝国にも評価されている(司馬談「六家之要指《りくかのようし》」)。また、その行動様式は、ひろく任侠《にんきょう》的行為につうじ、自己犠牲と急進行動をくわだてる宗教的秘密結社の性格を帯びていた。

しかしながら、天下統一を目前にして、墨家の学派としての活動が急速に衰滅にむかうのは、これらの特徴をもつ集団行動と無差別の博愛思想とがかえって国家権力に忌避されたことと、法家や儒家のように権力構造を〝法・礼〟のまえにたくみに観念化し、統治支配の内部秩序を合理的に規定する理論に欠いていたことと、に由来しよう。

『墨子』七十一篇は、墨翟とその継承者、墨家集団の思想を伝える著述である。いま、うち十五巻、五十三篇が伝存している。

十論二十三篇、もと三十篇、は、「尚賢」「尚同」「兼愛」「非攻」「天志」「非命」と「節用」「節葬」「明鬼」「非楽」の十論の、おのおの上中下三篇から成り、この著述の中核部分をなしており、戦国後期の三墨(相里氏・相夫氏・鄧陵氏の墨者)が記録したとされる。「経」「経説」各上下と「大取」「小取」の六篇は、墨弁とよばれる論理学説。ついで「耕柱」以下の五篇と「非儒」篇とは、開祖墨子の説話集である。また、冒頭の「親士」以下の七篇は、墨家後学の雑論集とされている。末尾の「備城門」以下の十一篇は、城邑の防禦のための戦術闘技、兵技巧に関する記述で、秦墨の手になるものと考えられる。

3　孟子の王道論

戦国中期は、強富を誇る七大領土国家が政戦両略をきそった時期にあたる。北西の大国晋《しん》を三分した韓《かん》・魏《ぎ》・趙《ちょう》の卿《けい》大夫が、前四〇三年には周の天子から諸侯の地位を公認され、また西周以来の大国斉《せい》においては卿大夫の田《でん》氏が長期にわたって君権を奪ってきたが、前三八六年やはり諸侯となって名実をかねそなえた。これら四国と秦・楚・燕をあわせて、戦国の七雄と称せられる。以後、この七雄は周囲の弱小国を侵略し合併して、死力をつくして領域の拡張をあらそった。

孟子《もうし》は、こうした激動の時期を生きた、戦闘的な儒家であった。

孔子の死後およそ百年、魯の曲阜《きょくふ》にちかい鄒邑《すうゆう》に彼は生まれた。姓は孟、名は軻《か》、生没年や字《あざな》は、未詳(前三七二—前二八九は、元《げん》の程復心の『孟子年譜』の説)。字は、子《し》輿《よ》または子車《ししゃ》とも伝える。

鄒の地方は、魯と文化的に一地域をなし、すでに大きな学団を形成していた儒家の活動中心地の一つであった。「鄒魯の搢紳《しんしん》先生」とは、当時の、儒服を身にまとって礼楽の演習にはげみ、『詩』『書』を誦読する文化人の、戦乱の世に平和の理想をかかげる儒家学団の姿であった。

幼少時、彼は母の手で養育されたらしく、孟母《もうぼ》三遷《さんせん》、断機《だんき》の教えなどの賢母説話が伝わる(前漢、劉向《りゅうきょう》の『列女伝』)が、それは母への追慕ぶりが話題になるほどの盛大な葬儀をいとなんだことと関連するかも知れない。生長して子思《しし》(孔子の孫、孔伋《こうきゅう》。前四九二？—前四三一以前)の門人に学んで、孔子にひたすら私淑し、全面的にその教説を儒家思想の総体として継承しようとする気魄にもえた。

そして、儒家の学団内部に孔子の権威をうち立てた。堯《ぎょう》・舜《しゅん》・禹・湯や文王・武王、周公など、古代の聖王を系譜づけ、権力者の地位になかった一人の学匠孔子を、その思想と言説とによって時代の創始者、文明の創造者たる資格をそなえる聖王として、この系譜の末尾に加えたのである。未開から文明への創業をになう聖王たちと同格の〝聖人〟孔子の出現である。そして、かれ孟子じしんをその正統な伝道者として位置づけ、領主への入説《にゅうぜい》、他学派との論争をつうじて、みずからを権威づけていった。

また、経典としては、『書』の「湯誓」「牧誓」篇の、殷の湯王や周の武王たちの暴君を放伐する記事を強調し、『詩』の学習では、西周の英雄たちの建設的行動を謳った雅《が》・頌《しょう》の叙事的詩篇に共鳴した。さらに新たに編成された『春秋《しゅんじゅう》』から、乱臣賊子に威圧を加えるものとする尊王思想を孔子の精神として学びとろうとした。ただし、孔子―曽子《そうし》―子思―孟子の学統は、のち南宋の朱熹《しゅき》(一一三〇―一二〇〇)などが唱道したもので、思想史のうえで確定的なものではない。子思の著とされる『中庸』も孟子より後に成立しているのである。

事績として、彼の青年期は不明であるが、ほぼ四十歳前後には、すでに主要思想の形成をおえ、儒家の根拠地の鄒魯《すうろ》地方では、雄弁の指導者として華やかに学団活動を行なっていた。そして前三二〇年、諸侯に遊説を開始した彼は、後半生のほとんどを遍歴と講学・著作のうちに過ごした。

孟子の思想

孟子の思想行動の中核は、王道政治の講説にあった。王道とは、覇道《はどう》に対置する政治理想である。

『孟子』の対話から察せられる当時の民衆の生活は、自然災害の脅威のもと、無策の為政者の強制労働と戦乱が加わり、数千の流民と盗賊のむれと餓死者の出る惨状を呈している。権力者の「庖《くりや》には肥肉あり、厩《うまや》には肥馬あり」、しかるに「民には飢色あり、野には餓莩《うえじに》あり」の情況を、孟子は同情の眼で眺め、これを救済するための和平が絶対に必要であると考えた。彼は、民衆が為政者や官僚の虐政に反抗し、暴力革命へ参加するのを当然であると容認するが、民衆の力量を過小視し、禽獣と大差のない民衆は政治力を自律的に組織できないとみなし、一転して現実の強大な政治力の所有者、強国の君主に注目する。有力な支配者の天下統一の野心と民衆の和平への念願とを直結させようとしたのである。

まず、恩愛の精神を民衆にほどこすならば、その仁君は、権力で苛斂誅求《かれんちゅうきゅう》をすすめる覇者とは反対に、理想の王者として君臨できよう、と。「恩」とは「推恩」つまり「此《ここ》の心を挙げて、これを彼《かれ》に加うる」こと(梁恵王上篇)、自己の心を両手で他者へすっかり与えること。恵み・愛情にほかならない。具体的には、つぎの六原則にもとづく政策を首唱した。

一、農時をたがえず生産物資を豊富に。二、井田《せいでん》制による食糧と租税の確保。三、税率は1／10～1／9とし、雑税を加えず。四、恒産を得た民衆に学校教育の実施。五、刑罰執行の適切化。六、虐政に苦しむ近隣諸国の解放。

孟子はこれを真に理想的な王者の実践すべき道、すなわち「王道」とよび、「仁義」

ともよんでいる。

これは、孔子の仁愛の精神を政治的意義に拡張したものである。たとえば子貢学派の「仁者は、おのれ立たんと欲すれば、人を立て、おのれ達せんと欲すれば、人を達せしむ」(『論語』雍也《ようや》篇)という、個人の「仁」の心術から出発して民衆の救済におよぶ、広大な政治目標に到達したのである。

そして、戦国諸侯たちが富国強兵に狂奔して春秋期の斉《せい》の桓公《かんこう》(前六八五―前六四三在位)や晋《しん》の文公(前六三六―前六二八在位)などの覇者の事業にあこがれたが、この、〝諸侯〟を統御して天下に号令する野望を武力制覇のにせ者と断じ、「春秋(の世)に義戦なし」(尽心下篇)私欲による侵略にすぎぬ、「五覇は三王の罪人、今の諸侯は五覇の罪人なり」(告子下篇)とさえ手きびしく現状批判を行なっている。

このように、当今は彼のしばしば説く聖人たちの系譜とは逆の、暴虐の政治そのものであるが、この中国の歴史はまさに、「王道」の実践者たちの聖王の世と現今のような乱世のくりかえし〝一治一乱〟の循環状態である、とする。わけても最後に出た孔子を、帝王の地位になくて古代聖王の道を説き、その光輝ある古代の政績を明らかにしえた偉人とたたえ、その「王道」をすでに過去において検証ずみの「先王の道」「堯舜の道」または「周公・仲尼(孔子の字《あざな》)の道」と称し、孟子じしんは孔子直系の王道講説者をもって自任した(『孟子』梁恵王・公孫丑・万章の諸篇)。

王道政治

さて、「王道」政治の根幹をなす主軸は、井田制と性善説に要約されうる。無教育の民衆を自律性のない禽獣にひとしい存在とみた孟子は、人間の回復には恒産を与えて民生の安定をはかることを必要とした。その民衆組織と土地政策が、井田制である。農民の八家族を一生産単位に組み、単位ごとに九百畝の土地を与えてそれを九つに均分する。各家族は百畝の私田が与えられて主食の確保をはかるとともに、中央に残された百畝を公田として共同耕作し、その収穫を上納させる。正方形の土地を井がたに均分することから、井地法とよばれたが、この計画は後世に発展し、井田制として実施されている。

ついで年間の季節に応じて農民の耕作時間を確保し、山林・藪沢《そうたく》などの公有地を解放して副食・燃料などを供給する。分業・交易をさかんにし、租税は収入の十分の一を原則とする。また、身寄りのない老人や孤児への福祉養育を保障する(『孟子』滕文公上篇)。

恒産を得た民衆には、学校教育をほどこすことも含まれていた。そこでは「壮者は暇日をもって、その孝・悌・忠・信を修め、入りては父兄に事《つか》え、出でては長上に事えしむ」(梁恵王上篇)のように、儒家思想の基礎をなす家族・郷党の人間関係、孝悌倫理を重視している。これは、君主への忠勤ではなく、むしろ覇者の制圧に対する抵抗心、恒心の涵養《かんよう》を指導する教育のあり方を指摘している。

つぎに、仁愛の「王道」政治思想の論拠として、性善説を唱えた。彼のいう「性」とは先天的に賦与された人間固有の能力で、それを「良知・良能」ないしは「良心」と称する(尽心上篇)。この本性は、その端緒としては惻隠《そくいん》(あわれみ)の心・羞悪《しゅうお》(不義をはじる)の心・辞譲(ゆずりあい)の心・是非(判断)の心となって現われる。人間には、生まれながらにしては悪《あ》しき萌芽をそなえていない。この四つの端緒〝四端〟を自覚して充実する努力をかさねるときは、それぞれに仁・義・礼・智の「四徳」として完成させうる(公孫丑上篇)。

この、性の善なる本性が悪なる行為にはしるのは、「その良心を放《お》き」わすれ(告子上篇)、「自暴自棄」して(離婁《りろう》上篇)、「その心(良心)を存する」ことに怠慢で(離婁下篇)、「その心を陥溺《かんでき》(誘惑に負ける)するゆえん」(告子上篇)であり、社会環境よりは人間の心の修養に原因をもとめた。多忙な白昼は〝放心〟状態に陥りやすいが、深夜から夜明けにかけては自己の〝良心〟を再発見しやすい。つねに〝夜気〟を存し、良心を堅持すべきである、とも説いた。

　この意義は、孔子の「仁」を天賦の「性」に根拠づけ、人倫の当為としての「義」とともに、諸徳の根源にこの性善説をすえたことにある。これは、戦国末期の君権強化の政治思想にもとづく荀子《じゅんし》の人性論(性悪説)と異なり、儒家のいう礼楽文化に根ざす家族・郷党倫理―孝悌秩序を普遍とみなして、本性の道徳心「良知・良能」の拡充によってそれを完遂するものとした。固有の自律的徳性を保有する人間は、その道徳実践を通じて自己価値が具現するのである。したがって主体的行為者としての士人たちは、志(理想)を尚《たか》く持して〝仁義〟の道の実現を使命とすべきである。それは「王道」の実践に参与することにほかならないが、これには行動的精気の養長をも必要とした。〝浩然の気〟を養ってえられる「みずから反りみて縮《なお》くんば、千万人と雖《いえど》も、われ往かん」の気概をさすのであった。

　かくて、彼の「王道」政治は、この天性にもとづく〝仁義〟道徳の躬行による王者の徳治を主唱し、私欲による強権支配つまり覇者の圧政を排した。これは前述の、主君の地位は、民心の向背に依存するという、民本主義的な易姓革命の是認を前提としている。生活を保障しつつ人民を掌握する農地制と税制、身分階層的な分業説が、それらをいっそう特徴づけているのである。

遊説

以上の政治信条をかかげた孟子は、王道講説者として諸侯を遍歴した。その遊説の態度は、「天下の正位に立ち、天下の大道を行う」大丈夫としての自負のもとに（滕文公下篇）、君主の師傅《しふ》たる姿勢を示した。

遍歴は、魏《ぎ》（梁《りょう》が当時の首都）の恵王（前三七〇—前三一九在位）からはじめた。在位五十年におよんだこの老王に王道政治を説いたが、翌年その死に遭い、即位した襄王（前三一八—前二九七在位）の凡愚をさけて前三一八年に魏を去った。ついで斉の宣王（前三一九—前三〇一在位）の客卿《きゃくけい》となる。宣王は、首都臨淄《りんし》の一区域に学者を集め、〝稷下《しょくか》（稷門《しょくもん》の界域）の学士〟七十六人に達したという。孟子はそのなかにあって国政の最高顧問であった。彼と宣王との対話は『孟子』のなかで最も熱気をおびる。前三一五年から斉が隣国の燕《えん》に出兵し、占領が三年にわたった。その撤兵策で斉王との溝が生じた孟子は、前三一二年に斉を去った。王侯の客賓として「後車数十乗、従者数百人」をともなう、豪勢な諸国遊説をおこない、また随所に他学派と論戦を挑んでいる。

つぎに、拡張政策をとる宋に赴いたが、暗君の偃《えん》王を見きり、薛《せつ》をへて帰郷した。郷里で接した近隣の小国には、鄒の穆《ぼく》公や滕《とう》の文公がある。

弁争し論難した学派には、運命論的快楽主義にたつ楊朱《ようしゅ》、兼愛交利の墨家集団、君臣並耕や物価統制を説く農家の許行《きょこう》、国際緊張を左右する縦横《しょうおう》家の張儀《ちょうぎ》、仁義を唱えつつも人性説で対立した告子《こくし》らがある。楊朱に対しては利己のゆえに「君を無《な》みする者」と非難し、墨家に対しては無差別愛のゆえに「父を無《な》みする者」とし、農家系の万民就労の共産論に対しては身分的分業と等価交換の便益を述べ、「心を労する」治者と「力を労する」被治者の農民工人との分業による相互依存こそ〝天下の通義(社会の法則)〟と断言した。

その行論は、ときに激越であり、飛躍の多い比喩表現に託され、概念規定を欠いたままの一方的な論弁も少なくないが、その論旨は伝道者としての気魄と抑揚に富んだ達弁でつらぬかれている。

著書の『孟子』

孟子学派は、先秦儒家のうち、第5章に述べる荀子《じゅんし》と比肩する有力な一派を形成し、漢代の春秋学にもその淵源となる作用をなした。その著『孟子《もうじ》』は、『漢書《かんじょ》』芸文志《げいもんし》では「諸子略」儒家者流に属して『荀子』と並録され、後漢の趙岐《ちょうぎ》(一〇六?―二〇一)が推尊して「孟子章句《しょうく》」を著わした。古注《こちゅう》とよばれ、孟子の原思想をうかがう重要なテキストである。

なお、趙岐の「孟子題辞」には、前漢の文帝の時、『論語』『孝経』『爾雅《じが》』とともに、『孟子』が博士官に立てられた、と記されているが、これは経《けい》学の成立後の数十年のち、両漢の際の言説、たとえば劉歆《りゅうきん》(前五三?—後二三)の「移書太常《たいじょう》博士」をもとにしておこった伝承とも考えられ、いまそのままでは確定できない。

唐《とう》の韓愈《かんゆ》(七六八—八二四)が道統論を唱道し、孟子を孔子の正統つまり堯・舜以来の先王の道を継承する聖賢として尊重し、当時の関心をあつめた。北宋の神宗(一〇六七—八五在位)にいたって、科挙の科目に『孟子』の書が『論語』につけ加えられた。ついで朱熹が自己の哲学による注釈「章句集注《しっちゅう》」を著わし、「四書」の一つとして『大学』『中庸』『論語』とともに、儒教思想を体系だてて以来、この新注《しんちゅう》の『孟子』は近世士大夫の必誦の経典となっていった。

『孟子』七篇は、孟子の晩年、門人の万章《ばんしょう》らとともに編んだ、戦国期領主や他学派の論客や門人たちとの対話・弁争の思想論集である(『史記』孟子伝)。もと十一篇であった(『漢書』芸文志)が、趙岐が編定し各篇を上下に分けて「注」をほどこして、いまの十四巻とした。

先秦諸文献のうち、よく統一のとれた文体をたもち、対話と論弁で一書がみたされ、人物の挙動や事件の叙述が稀なのが特徴である。文章は、「離婁《りろう》」篇までの四篇と「万章」篇以下の三篇とに二大別されるが、言辞と内容は首尾一貫し、一時の編集になるものと思われる。

わが国では、『孟子』はすでに平安期に舶載されていた(『日本国見在書目録《げんざいしょ》』に著録)が、近世社会の成立するころから、その尖鋭な放伐革命を是認する内容が日本的神国観にきらわれて「中国の書はみな高価に購うが、『孟子』だけは欠いている。それを積んでゆけば、船が途中で沈没するからだそうな」(『五雑組《ござっそ》』四・地部二)との話柄を伝えている。しかし、朱子学の移入に伴って、禅僧や宮廷儒官のなかで読まれ、十七世紀以降の近世社会では士民階層の必読書の一つとして扱われるようになった。伊藤仁斎(一六二七—一七〇五)が主張するように、『孟子』には君臣・父子・夫婦・兄弟・朋友の五倫が明示されていたからである(「童子問《どうじもん》」上)。この書が、『論語』とともに本邦の封建教学の教書としてその役割をになわされたのである。

4　荘子と老子

のちに道家《どうか》と総称された一群の思想家たちが、儒家・墨家の二大思想集団のほかに、戦国末期に近づくにつれて、広汎な支持層をもって隠然たる勢力を占めた。

それは、新旧思想のはげしい抗争をくりひろげた、矛盾にみちた現実世界のなかにあって、政治と人間関係の問題をいったんよそに見て「治めずして議論し」(『史記』田敬仲完世家)、現時の混濁を「自然」のあるがままの必然と受けとめ、人為の努力を排した無為《むい》の〝渾沌〟世界を観念にえがく超越的な境地を開拓した。

人倫と政治の哲学としての、家族関係の調和や社会秩序を重んじた儒家の所説をことごとく批判する道家の思想は、個人を中心とする「自然」主義に徹する。

道家思想の源流

『詩経』には、古代の共同体の生活から逸脱した、孤独の思索にたたえる感懐を歌った作品がある(衛風「考槃《こうばん》」、王風「兎爰《とえん》」)。政治に絶望した貴族の一つの姿を示す。春秋末期の、孔子やその一党の思想行動に批判的な隠者も、これに共通する。「四体勤《つと》めず、五穀も分《わか》たざる」儒家の徒を尻目に耕作する荷蓧《かじょう》丈人や長沮《ちょうそ》・桀溺《けつでき》らの生き方(いずれも『論語』微子篇にみえる)は、春秋期の衛《えい》の賢大夫であった甯武《ねいぶ》子《し》の処世法を「邦《くに》に道あれば、知。邦に道なければ、愚」(『論語』公冶長篇)としてその隠遁的な一面を認めていた孔子にとっても、無視できない存在であったであろう。

戦国期の墨家のはげしい政治的奔走を批判した呉慮《ごりょ》は、「冬は陶《すえもの》つくり、夏は耕し、みずからを舜に比《なぞら》う」(『墨子』魯問篇)素朴な農耕生活に充足を感じていたし、孟子によると、斉《せい》の名士匡章《きょうしょう》は父への遠慮から妻子から離れて孤独な生活に甘んじていた(『孟子』離婁下篇)が、さらに匡章の敬服する陳仲子《ちんちゅうし》(田仲・於陵子《おりょうし》)は、斉の名族でありながら一門の富貴を不義とみなして兄の家を出て隠棲し、「人を恃《たの》まずして食《くら》う」自足の生活につとめ、みずからの清廉を保とうとした(『孟子』滕文公下篇、『韓非子』外儲《ちょ》説《せつ》左上篇、劉向「於陵子別録」)。

彼らは生きる意欲をもちながらも、政治や家族関係に希望を失い、いずれも人倫秩序に拒否的な感情をいだいている。その階層は貴族から下層知識人にまで及んだ。

そのうち個性ある思想家として、最も早く知られるのは、孟子よりやや先だつ楊朱《ようしゅ》である。「楊子は我が為《ため》にするを取る。一毛を抜けば天下を利すとも、為《な》さざるなり。」(『孟子』尽心上篇)の為我説は、徹底した利己主義者として、孟子から「君(君主政体)を無《な》み(否定)するもの」と非難されたが、道家系の伝承によれば「己《おのれ》を貴ぶ」(『呂氏春秋』不二篇)思想家であって「性を全《まっと》うして真を保ち、物を以て形を累《わずら》わさず」(『淮《え》南子《なんじ》』氾論篇)とする、欲望を抑制して身心をわずらわすことを拒否し「静を守り」自己の充足をはかる「貴生」の説を主張したようである。

彼とほぼ同時代の子華子《しかし》や詹何《せんか》も、貴生説の同調者として現われた。子華子は、感官を統御して身心の調和をはかり、欲望の奴隷となることを警戒した(『呂氏春秋』貴生・審為篇、『荘子』則陽・譲王篇)。詹何も「重生」を唱え、身心を自然に因循(随順)させるやり方で、身体の修養から順次に家・国・天下へと及ぼすことを説く(『呂氏春秋』審為・執一篇)。魏の公子牟《ぼう》も「情性を縦《ほしいまま》にして恣睢《きまま》に安んじ、禽獣の行い」だとして荀子《じゅんし》に罵られる(『荀子』非十二子《ひじゅうにし》篇)が、一身の保全を重視したこの一派にちかい。

楊朱らの思想系統は、個人の生命の充実と主体的な生活による自足を唱道する点で共通し、それが墨家の兼愛説とともに、儒家の保持しようとした古代貴族領主制の身分秩序を崩壊にみちびく内容であったことにより、孟子らのはげしい攻撃にあっている。

これらの思想家に並行して、宋人《ひと》の宋鈃《そうけん》(宋牼《こう》・宋栄子)や尹文《いんぶん》が出た。前三世紀前半に活躍した彼らは、多少の弁論家ふうの風貌をそなえるが、無抵抗主義の別宥《べつゆう》思想を根幹とし、通俗的な差別観念や屈辱に固執することなく、寡欲と寛容の和平論を説いた。別宥とは、先入主に囿《とら》われた状態から解きはなたれて抵抗の拠りどころを必要としないこと(『荘子』天下篇)。

さらに、斉《せい》の稷下《しょくか》の学士には、慎到《しんとう》や田駢《でんべん》が現われた。慎到は、情勢に即応して君権強化のための新しい法令の制定を主張し、先入観をすてて公平無私の新法律に従うときは、万物は斉一《せいいつ》であるとして、主観や思慮を排して外物に因循することを唱えた。田駢(陳駢)は、彭蒙《ほうもう》に学んだといい、さらにその師なにがしの言葉に「古《いにしえ》の道人は、これを是《ぜ》とする莫《な》く、非とする莫きに至るのみ」(『荘子』天下篇)とあり、比較選別して特定化することを避ける「貴斉」(『呂氏春秋』不二篇)を説く系統の思想家であり、絶対的相対主義といわれる道家の根幹思想である万物を斉同視する哲学は、この田駢らの貴斉説からつよい影響をうけたのである。

以上に列挙した数群の思想家たちは、それぞれ思索を深め、欲望・保身・知識・既成倫理、そして存在と価値などに思いをいたし、具体から抽象へ、現象から実在への途をたどった。

とくに田駢、慎到の万物斉一の思想が出現するころ、実在を追究する代表として、関尹《かんいん》と老聃《ろうたん》が現われた。

関尹と老子

さて関尹は、生国・時代ともに不詳であるが、実在そのものを最初にとりあげた人物である。「人が自然の意識にとらわれることがないならば、形ある物は自然にその真実をあらわす。それは水のように動揺し、鏡のように静止し、響《こだま》のように応じあう。ふわっとして亡《な》いようであり、しいんと澄んだ水のよう。同《と》けこもうとすれば和《わ》してくれ、つかもうとすれば失せてしまう。」(『荘子』天下篇)と、実在ないし本体を詩的に表現した。関尹の実在の追究に対して、老聃のほうは処世論を主眼としたようである。

「その雄(剛健さ)を知りつつも、その雌(柔弱さ)を守るとき、天下の谿《たに》となる。その白(潔白さ)を知りつつその辱(汚辱)を守れば、天下の谷となる。」(『荘子』天下篇)といい、自分を他よりも消極的な負価《マイナス》の位置におく。すべて弱いものの立場〝屈〟をとって強いものの立場〝伸〟に対処しようとする構えである。荀子は当時の『老子』を評して「屈《くつ》に見るありて伸《しん》に見るなし」(『荀子』天論篇)と批判したが、処世の術としてみれば、受動に甘んじて「徐《のびのび》にして費《はなやか》(=貴)ならず、無為にして巧を笑う」うちに相手を同《と》かして「己《おのれ》ひとり曲全す」ることに成功する。この態度は、人生に深く根をはりその要領をつかむとともに、人も物も傷つけない寛容の精神にささえられているといえよう。

そして、この両者、関尹・老聃はともに「常無有」「太一」とよばれる本体をとらえ、「濡《じゅ》弱謙下」(抵抗せずに譲りあう)の処世観を持していた。

荘周の「天」

関尹・老聃とほぼ同時に世に現われた荘周《そうしゅう》(前三六九―前二八六)は、宋の都商丘《しょうきゅう》(河南省内)にほど近い蒙《もう》の人。生涯だれにも仕えず自適して終わった。かれ個人の思想は、「天」を絶対としてそれへの随順であったらしい(『荘子』列禦寇《れつぎょこう》・天道・外物の諸篇)。荘周の「天」は、天地万物の存在をささえ主宰するもの。それは無限の時空を通じて複雑微妙に作用するが、一定の秩序〝道〟をたもつ。この秩序は高次の知性によって感得できるが、ひとの言語は不完全で「天」そのものを表現しがたい。ひとは己《おの》れを空虚にして知巧を去るとき、その心の中ではじめて「天」と遊ぶことができる。「知りて言うは人に之《ゆ》くゆえん、古の人は天にして人ならず。」(『荘子』列禦寇篇)とあって、自己凝視の深さをものがたる。

戦国期の諸子百家とよばれる思想家たちは、みずからの思想行動の成果を著述のかたちに整備していったが、その文献の成立過程はきわめて複雑である。ことに道家系統のものは、儒墨思想の集団と異なって個性豊かな主張にみちるのとは裏はらに、学派の継承は不明にちかく、宗教経典のように矛盾する思想をも習合して、付加され仮託された部分をもたくみに綜合している。『荘子《そうじ》』一書は、その典型である。

現存の『荘子』(または南華真経《なんげしんぎょう》)三十三篇は、西晋《しん》の郭象《かくしょう》によってそれ以前の五十二篇本が刪定《さんてい》されたが、その中核部分の「内篇」七篇はほぼ原形を伝えており、後次に累加された部分である外篇十五篇・雑篇十一篇では、『老子』の社会思想や儒家や法家に接近する部分をも含んでいて、戦国末期から前漢初期にかけての道家系思想を集成したものと考えられる。

荘子の思想と『荘子』

いまその饒舌と奔放な談論のなかから中核となる思想を抽出すると、まず、現実の人生の幸福を「養生《ようせい》」としたのである。それは物質的充足にあるのではなく、〝全性保真〟真実の本性を永遠に保守すること。人の世を知らぬ山野のキジが十歩行っては餌をついばみ、百歩移っては水を飲む。生の営みとはいえ、なんと自然そのままの姿か。知恵をふりかざした痕跡もない。有名な寓話、庖丁《ほうてい》の話がそこに見える(養生主篇)。牛体を解きほごして十九年の名人は、執刀の運びに寸分の狂いもない、しかも思慮のひらめきも感じられない。すでに牛体は目にはいらぬ、いまや「官知は止《とど》まりて、神欲のみ行なわれ」る。個別の感覚を超えて心眼を見ひらき、ウシの固有の骨格――〝固然〟と自然のすじめ――〝天理〟とにそって、刀刃を遊ばせているのである。この、〝天理〟に随順した「自然」への回帰、それをめざすところに「養生」つまり生命の充実がある、と示唆する。知識や技巧など人為の習積をみとめず、あるがままの人生を肯定するのである。

つぎに、この最大幸福は、反効用の社会的価値を知ること。櫟社《れきしゃ》の巨木は用途のないために長寿を保つが、果樹などはもがれ折られて短命だ。支離疏《しりそ》という希有の不具者は、そのゆえに戦場にも駆り出されず人生を全うする。世俗の価値観念こそ固有の真性を損壊するのであって、その凶器は名誉と知識である。世俗価値との訣別、つまり〝天理〟に一切をゆだねる「無為自然」の境地をのぞんでいる(人間世篇)。かの宋銒の別宥思想がここに見られる。この境地が「自得」であった。

小鳥の斥鴳《せきあん》は地上数メートルの空間を飛びかうにすぎないが、両翼を雲のように覆って飛翔する巨鳥の大鵬《たいほう》などにあこがれることはない(逍遥遊篇)。この寓話によって、所与の条件に「自得」してこそ精神の自由を得て、〝天理〟を主宰する造物者の〝真宰・造化〟とともに遊ぶことができるのである。つまり知識と欲望にみだされることなく、自然に身をまかせる、これこそ荘子のいわゆる「天」に因循することであった。

ついで、知識への絶望ないしは絶対的な相対主義を示唆した。無限に変化する対象世界に、彼我・大小・是非・真偽・生死の識別や評価を加える知識とは、有限の至小によって無限の至大をまさぐる愚かな人為にすぎず、有限相対の価値判断を徹底的に疑った（斉物論篇）。判断思考を停止するとき、「其の異なる者《もの》よりこれを視れば、肝・胆（の近き）も楚・越（のへだたり）なり。其の同じき者《もの》より視れば、万物は皆な一なり。」（徳充符篇）と。世間知から離別して相対主義に徹するとき、差別相の根拠を失うにいたる。

これらの思想行動は、まさに孟子の活躍時期と重なるにもかかわらず『孟子』には片鱗すらもその影をみせず、荘子は、諸国家間の外交折衝のなかで奇警な弁説をみがきあげた恵施《けいし》とは親交を保ちながらも、彼じしんは現実の対立世界のそとに立った万物斉同の哲学に沈潜していったのである。

かくて世俗の千差万別の現実から観念世界に超脱し、究極的な〝道（＝天）〟と一体となる「道枢《どうすう》」の境地に立つことにおいて、一身は〝真人〟と化してその性命を保全する。そこには、すでに差別相の消滅した、生死すら〝道〟(「自然」そのもの)の一推移にすぎない世界が開けはじめる。

この〝道〟と一体化するとは、現実の価値観のからまる幸不幸の迷妄から逃れて自己を虚しくし、「自然」に因循することにほかならない。そしてその境地をめざして修養し、世俗的価値観を超越して、内的な精神世界の自由を謳歌しようとすること、これはとりもなおさず現実を回避する処世術として、激動の動乱期に追いすがる世俗の心に迎えられた。

『荘子』全篇の論述は、三十章の評論と百六十八の寓話から成るが、すべてその奇想天外の比喩に託した巧みな説話のなかに示されている主張である。大鵬と鯤《こん》(逍遥遊篇)や夢で胡蝶と化す境地(斉物論篇)、儵《しゅく》と忽《こつ》の問答(応帝王篇)などの著名な文章は、豊富な語彙と独創的な表現力によって描出されていて、全体として先秦の散文中、随一の作品を形成している。

『荘子』の外篇・雑篇が、儒家や法家の政治思想に関連した内容のひろがりをもち、〝自得〟〝分守〟〝賞罰〟といった治政や秩序に関心をふかめる一方で、万物の根源としての〝道〟の超越的実在を説く『老子』の政治論が並行して出現した。

『老子』の思想

『老子』の思想は、『荘子』内篇より後になってその全貌をあらわし、個人の禍福よりは社会と政治のあり方に、より多く注目する。〝無為にして為さざる無し〟とは、治者は人民に無為(わざとらしさがない)のうえに自然(おのずからそうなる必然性)であるべきで、かえってそこにあらゆる政治効果を達成させうる。これが道の〝徳〟(効能《はたらき》)であるとする。

さらに、人智の小ざかしさを放棄する〝絶聖棄智〟によって、人間生活の〝無為〟(外的強制の拒否)の状態は、〝自然〟(必然的)のすがたに一致する。そして私利を奪いあわない自給自足経済に生きる〝小国寡民《かみん》〟の原始社会を理想とした。処世術としては、水《みず》や女性を礼賛する柔弱・静虚の教えを兼ねた。

この「道徳経《きょう》」とも呼ばれる五千言の書『老子』は、固有名詞のまったくない、警句と格言ふうの断片でつづられているが、対偶と韻文の文体で、内容は意表をつく巧みな逆説的表現をとる。それは、常識世界の圧迫に疲れた人びとを力づけるふしぎな魅力をもっている。

前漢初期の政治支配に、〝黄老《こうろう》〟思想として『老子』の簡素で激動を与えない〝虚静無為〟の政術が用いられて、秦漢帝国の体制的基礎である法治行政を潤滑にすすめることができた。第9章で、そのことを補続している。

儒学が国教化したのち、『老子』は魏の王弼《おうひつ》(二二六—二四九)の「注」を得て、〝無〟の形而上学を説いて仏教と融合し、他方、六朝期のものという「河上公注」によって当時の神仙思想が加わり、道教にも大いに活用されるにいたった(第14章を参照)。

5 〝礼〟と荀子

城邑ごとの独立した国家政権を保持していた周代〝封建〟領主制は、春秋期をつうじてしだいに政治的覇者の大国支配下に統括されていった。領主貴族層の「下剋上」の反復によって、政権内部の勢力交代がすすんだ戦国期においては、新興勢力によって主導された強国統治が、この旧〝封建〟城邑国家の支配体制をつきくずして、「富国強兵」による「弱肉強食」の国家合併をくりかえした。国際外交と軍事での合従連《がっしょうれん》衡《こう》と遠交近攻策をとるなかで、西方の雄秦《しん》国が政戦両略に画期的な躍進をとげ、郡県制を採用して、いっそう強大な領土国家をきずいていった。

古代貴族社会の領主体制を基層においてささえた士人階層は、いまや城邑体制の崩壊をまえに、時代の気運に対処する深刻な動きが要請された。すでに見てきたように、儒家と墨家は、特徴ある独自の学団ないしは行動集団をかたちづくっていた。また道家的な思想は、つねに時の趨勢から脱落する危険にあった政治支配者層や士人たちにもひろく浸透していた。

儒家学団における荀子

士人階層を中心とする知識層は、当時の現実に自己の才能を発揮して、戦国〃諸侯〃を遊説し、外交に論弁にその技能をつくす一方、思索をかさねて哲学上の根本問題を追究し、また個人の存在意義を問う思想家も現われた。孔子を開祖とする儒家の学団は、それら〃諸子百家〃のもっとも有力な一派であった。

儒家学団についていては、後世において、子思《しし》(孔子の孫)や孟子と、荀子《じゅんし》とを両者の代表としてあつかうが、荀子はその子思と孟子の一派を非難して孔子の真意を歪めるものとした。この思孟学派とは、孔子の教えを忠恕(まごころ)で一貫されているものと考えた曽子《そうし》の、ヒトの心情のあり方を重視する道徳思想を受けついでいる。通説では、荀子はこの曽子に対抗した子游《しゆう》・子夏《しか》らの学統につらなるものと推測されるが、彼じしんは曽子を「孝」と礼義に精通した人物として称賛している(『荀子』性悪・大略・法行の諸篇)うえ、子游・子張・子夏の末流をはげしく非難してもいる(非十二子篇)。彼は、当時の儒説を一派に偏せず広範に吸収していたもようである。

また荀子は、当時の社会に大きい影響をあたえた思想家を論難しつづけた。它囂《たごう》・

魏牟《ぼう》(公子牟)・陳仲(田仲・於陵子《おりょうし》)・史鰌《ししゅう》・墨翟《ぼくてき》・宋鈃《そうけん》(宋牼《こう》)・慎到・田駢《でんべん》・恵施《けいし》・鄧《とう》析《せき》や老聃《ろうたん》・申不害《しんふがい》・荘周がその対象となっているが(非十二子・天論・解蔽の諸篇)、かれ自身の思想はさまざまの意味をもって、これらの思想家たちから刺激を受けて、それに対応した成果といいうる。

さて、荀子(前二九八—前二三八以後)は、趙国の人、名は、況《きょう》。荀卿・孫《そん》卿と尊称されたが、もと郇《じゅん》国の公孫にあたったらしい。前半生の経歴は明らかではない。かれが五十歳ごろ、孟子はすでに死没しているが、そのころ斉《せい》都の臨淄《りんし》に来遊して、その文化政策の一環をなした〝稷下《しょくか》の学〟に加わり、ながくその祭酒《さいしゅ》(首長)をつとめた。当時の稷下(臨淄の稷門界域の学者街)には、田駢・鄒衍《すうえん》ら弁争たくみな著名の学士はすでに世を去っていた。その間、秦を訪問して宰相范雎《はんしょ》を説き、また趙の孝成王を遊説している。やがて斉を去って楚《そ》に移り、春申君《しゅんしんくん》(?—前二三八)の庇護をうけてその推挙によって新たに領土となった蘭陵《らんりょう》(山東省棗荘市)の令(長官)となり(前二五五)、二十年ちかくその小都市の治政に尽くした。他方、講学にもつとめ、門下には学術面を継承した魯の浮丘《ふきゅう》伯や、また法思想家の韓非《かんぴ》、秦の始皇帝の宰相となった李斯《りし》らの政治思想に秀でた一派を輩出した。春申君の死後、蘭陵に家居して教授に専念し、秦の天下統一(前二二一)ちかくまで生存していた可能性がある。

荀子の思想は、墨家・名家・道家などの諸思想に対抗しつつ、その人性論と礼義説を中核として展開し、天人分離の思想を首唱したのである。

人性論

まず、人性論では、ヒトが生まれながらに所有しているものを〝性〟とした。それは出生後の学習や自覚的行為の集積の結果えたものではなく「性なるものは、天の就《な》せる」ところのものである(『荀子』性悪篇)。この性には、生存に不可欠な生得の感官機能や外物がそれに接触して自然にひきおこす肉体の反応(欲望)をもふくめている。そこに自然に発動して、好悪《こうお》・喜怒・哀楽などの〝情〟が生ずる。

一方、ヒトにはこの〝情〟欲を選択し制御しうる心的作用として〝慮・知〟がそなわる。これを駆使する力が〝能〟とよばれる。この、ヒトに固有の知〝慮〟と〝能〟力を機能させること、つまりヒトの主体的行為―人為《しわざ》そのことが〝偽〟にほかならない。知性としての〝知〟とそれを適切に操作する〝智〟恵も、人為の〝能〟力によって作動する。このように、天賦の〝性〟とヒトじしんの創造行為の〝偽〟とのあいだにある分離規定(天人之分)を明らかにすることとならんで、諸行為の価値規準の根本に〝礼《れい》〟をすえた。

〝礼〟と裁天説

〝礼〟とは、第2章に述べたように社会習俗から政治・社会制度までをもふくむ、ひろく人倫社会の規範である。荀子の場合、とくに君臣関係を重視し、世襲制・血縁制本位を排し、賢能に治民の為政を託する賢人政治を志向した。その考えは、〝封建〟領主体制の旧秩序とは異なった、強化されつつある君権政治に即応し、新領土国家の官僚制に近接するものであった。

このような新秩序への志向は、ヒトは、伝統的な儒家とおなじく天命の支配下にある存在とするが、人道(人為)を天道(自然)から区別する面に彼の意図は集中し、いわゆる「天人之《の》分」の思想が唱道された。すなわち、きたるべき新天地のなかに占めるヒトの能力と責任が大きく自覚され、手をこまぬいて自然の恵みを待つのではなく、知能をめぐらして積極的に自然物にいどむべきであると考えた。つまり「裁天」(自然を統御する)を主張した。初期儒家から発達してきた、人間中心主義ないしは合理主義の一面を大きく推進したのである。「道とは、天の道に非ず、地の道に非ず、人の道となす所以《ゆえん》なり」(『荀子』儒効篇)、ヒトとして実行すべき原則なのだ、と。また、こうつけ加えた。「それゆえに、君子は、其の已れに在るもの(自分の分内に存するものごと）を敬《うやま》い、其の天に在るもの（人道以外の天然自然に存するものごと）を慕わず、是《ここ》をもって日に進む（日一日と進歩する）なり。小人は、其の己れに在るものを錯《お》きて、其の天に在るものを慕う。是をもって日に退くなり。」（『荀子』天論篇）と。かくて、人為の規範どおりに履行するところの〝礼〟治主義を実践するとき、ヒトの道は充実し、それはとりもなおさず天地の理法とならび、「神明に通ずる」ものとされた。そして「天」の自然性については、以下のごとき結論を下している。

> 天（天然自然）にたいして栄光を加えてそれを思慕するよりは、どうしてそれを動物のように飼いならして制御しないのか。天に服従してそれを頌賛するよりは、どうして天の命令を統御してそれを利用しないのか。よき時節に希望を託して待っているよりは、どうしてどの時節にも反応してそれを駆使しないのか。ものの自然にたよったままでものをふやそうとするよりは、どうして自分の才能を有効に用いてものを開化させないのか。ほしいものに思いこがれて物体視して待つよりは、どうしてものを管理して遺失することのないようにしないのか。ものの生因をむなしく探るよりは、どうしてものの達成する原因となる状態を保持しないのか。さてこそ、ヒトを打ちすてて物ほしげに自然のことばかり考えているのは、万物の情（実態）を見失うことになるのだ。（『荀子』天論篇）

と。この裁天説、つまりヒトの努力を強調して人事を尽くして天をも恐れぬ立場を誇示したことに原因して、漢代におこってくる国家教学としての儒学、それは神秘主義をはらむ天人相関説を採用してその教義を粉飾した経学《けいがく》であるが、その儒教のがわから荀子はしだいに敬遠され異端視されるようになるのである。しかしながら、中国古代中世の思想史をつうじて、これほど明確に「天」(自然)を対象化した思想は現われていない。

善と〝偽〟

さて、礼秩序に律せられる礼義的世界は、だれによって創造されるのか。荀子はその役割を特定のヒト、聖人ないし大人《たいじん》・至人の作為によるものとした。彼らは心を虚《きょ》壹《いつ》にして静、大いに清明で絶対の自由をたもち、宇宙・万物の中心に立ってそれらに秩序を与えることができる。礼義は、かくて聖人たちの天性から生まれるのではなく、性を矯正するところから成立する。つまり人為の〝偽《ぎ》〟である。それにこそ善なる価値の状態をたもちうるとした。

人性論でいう善とは、礼義に準拠すべく人的努力の加わった〝偽〟の分についていうのであって、かえって天与の〝性〟や、〝性情〟の矯正をへない放任は、悪の状態であった。「人の性は、悪なり。その善なる者は、偽なり。」とは、この意味をさしていう(『荀子』性悪・解蔽篇)。一般にかかる論旨を性悪説とよんで、孟子の性善説と対立させる。孟子は宗族制の身分秩序を自己の価値基準としてそれを本性とするから、道徳的判断は所与の天性を反省して自己修養にはいるが、荀子は自己のがわの規定をもたず対象のなかに判断基準をもち、客観的認識によってそれが得られるため、道徳的意識の説述を欠くかわりに対象認識に関する教説に詳しい。孟子は心性内部に善悪を分けるが、荀子は、対象としての事物・ヒトとそれの認識者たる心知である聖人たちとを対置させるから、善悪は政治的社会的概念となる。

礼は人倫の極

ヒトの性情は元来、対象の事物に量も分も無制限の利欲を発するが、そこに〝物〟量との調和を乱し争乱がおこる。礼義的秩序のもとでは、性情の利欲は礼的管制下におかれ、調整のとれた生活欲求を養い、かつ満たされる。他方、ヒトは貴賤・長幼・貧富・軽重の差等の処遇が与えられて秩序が確立するのである。この性と偽との調和・統合が、宇宙自然の道に一致するのである。「天と地と合して万物生じ、陰と陽と接《まじ》わりて変化起こり、性と偽と合して天下治まる。」といわれるゆえんである。人間の営為のうち〝礼〟こそは最高の次元に属し、至高の徳と位をもつ先王(聖人)にしてはじめて完成されるものなのである(『荀子』礼論・楽論篇)。したがって、礼義の理解は学術の基本となり、彼の礼治主義の根本となる。「学は、経《けい》(『詩』『書』などの経典)を誦《よ》むに始まり、礼を読むに終わる。……学は、礼に至って止《や》む矣。それ是《こ》れをこれ道徳の極と謂《い》う。」(『荀子』勧学篇)と。礼を聖人の教示する天地の道・人倫の極として、礼学を儒学の根本にすえたのは、荀子にはじまる。

礼の実践

このように、礼に至上の意義を見出した荀子は、生命の根源としての天地、ヒトの根源としての先祖、政治・道徳の根源としての君師(君主)の〝三本〟に対する礼を重視した。それぞれ郊祭(天の祭り)・社祭(地の祭り)・稷祭(穀物神の祭り)・廟祭(祖先祭)における精神と儀礼を詳説し、また父母の喪礼について委曲をつくしてこれら儀礼をささえる孝の精神を鼓吹した。

総じて荀子は、当時の社会階層を天子・諸侯・大夫・士・庶人・刑余・罪人等に序列づけて、儀礼の動作・言語・服装などの儀容に隆殺《りゅうさい》を設け、尊卑差等の階層差別を維持すべきであると考えた。

さらに彼は〝郷飲酒の礼〟を力説する。これは郷里族党のあいだで行なわれてきた集会宴楽の儀礼に洗練さを加えたもので、譲りあいの進退作法・献酬・間歌・奏楽などの交錯するなかで、貴賤長幼の情誼をあたためあう祭宴である。安宴して乱れざる雰囲気のなかでの優雅な挙措動作を身につけ、郷党における秩序と団結をよびおこすのである。政治の最小単位として、彼はこの郷党のあり方に注目し、その秩序と団結が王道に貢献するものと考えた(『荀子』礼論・楽論)。

さらに礼の範囲は拡大し、国家の諸制度にまで及ぶ。国家の主要官職とその職掌をのべる。そこでは、礼楽と刑政が併用され、内務・法務・通商産業・地方行政・農林水産・建設・軍事・祭務などの行政運営の必要を説き、とくに天王および最高官僚の宰相、辟公《へきこう》・冢宰《ちょうさい》には臣民を教化する責務のあること、それを遂行しえない場合にはその交代を要求する。これらは、天下統一を目前にして用意された、国政上の君主・臣僚間の関係、統治権力の行使のあり方を示唆するものである。

善者に対する礼、不善者に対する刑は使いわけるが、墨家の唱える平等政策や勤倹主義は採用せず、徴税率を収入の一割を標準とし、関市は監察のみで徴税せず、公有地の定期公開など、物資の交流で滞貨を防ぎ、民衆経済の伸張をめざしている。治者は自然資源を開発し分業を尊び、生産を高め、貴賤の分に応じて供給し、ひろく万民を利益する積極策をとった(『荀子』王制・富国篇)。

要するに、荀子の政治論は、礼に徹底するものであるが、その中核は、ヒトと〝物〟との管理者である天王に、生産・分配の原則を提示する点にある。すなわち彼は、階層的社会の頂点に立つ天子に最高の権力を認めたが、その天子も礼を超越することはできず、時によって交代もありうるとされた。かかる立場から戦国諸侯の政治ぶりを五等に評価し、それぞれ王・覇・安危・危殆《きたい》・滅亡への過程をたどるとしている(『荀子』王制篇)。

また王者の歴史を述べて、従来の儒家がつねに〝先王の道〟だけを宣伝したのと異なって、〝後王の道〟の存在をしばしば指摘する。それは、めまぐるしく変化する政治の現代的意義を把握すべき要請にこたえたものである。彼によれば、法は時勢によって変化すべきものであって、それを運営しうる人物を欠くならば、死法にすぎないからである。「治人あって治法なし。」とは、この意味にほかならない(『荀子』君道篇)。

道・法・名各家と荀子

荀子の思想は、みずからは孔子の教説を祖述するものとしつつも、天人分離による〝偽〟の意義の高唱は、天を自然とみなす道家的思想の無為自然説を批判的に摂取して裏はらの関係にあり、また礼の客観的規範としての性格を強調して実証主義的な実定法に近づけたのは、君権強化策に専念する法思想家のつよい影響がみられる。さらに、〝慮・知〟の心的作用を重視し、奇矯な論弁をほこるいわゆる名家の詭弁を克服するために、正確な概念規定を施すことに力をいたし、実念論的な論理思想をかたちづくった。そして心性内部の〝徴知〟作用すなわち類推能力を発見して、事物の科学的認識の方法のうえで大きな展開の跡をのこした。これらを綜合するとき、それは古代中国の思想史的集成の観を呈している。

漢代の儒学が国教として保護されるようになると、師法を尊重する経典解釈の学問(経学《けいがく》)を中心としたことは第10章で述べるが、当時の政術は、礼制と法律とを折衷する儒法協同の体制を採用した。荀子の学術が礼義の道にあったこと、それも後王思想による君権政治に対応しうる内容であったことからも、彼の指し示した方向に現実の天下統一、すなわち秦漢帝国が実現されていったこと、それがここにはっきりと認められるのである。

さいごに、『荀子』の書は、荀子学派の全集である。前漢末、劉向《りゅうきょう》(前七七―前六)が荀子関係の書籍三百二十三篇を整理して「孫卿《そんけい》子三十三篇」(「校書叙録」、『漢書』芸文志)を編成したが、のち唐の楊倞《ようりょう》が注釈を加えて(八一八序)二十巻三十二篇に改編した。いま通行する『荀子』二十巻本は、すべてこれにもとづく。

6　諸子百家

百家九流

諸子百家とは、春秋末期から戦国期にかけての、ほぼ三百年間に活躍した思想家群をさす。

戦国期の領主〝諸侯〟はすでに完全に自立し、たがいに国力を競い、変動する内外の情勢に対処できるような、緊要な政策をもとめた。学団組織をかまえる儒家と工人集団としての墨家が二大専家《テクノクラート》の勢力をはり、その間にあって、一、二の技芸と術策を身につけた遊説の士は、外交に内政に活躍の場を得、また諸侯の実力者たちはそれらを食客に引きいれ有力な顧問として迎えた。

「諸子」とは、この期に独自の思想をかまえ、専門の学説を樹立した術芸の学士たちをいう（「諸子百家」の語は、『史記』賈誼《かぎ》伝に初出）。「百家」は、その専門の流派の多さを象徴的に表現した量詞である。また、漢魏期以後、この専門家たちの著述を、儒教の「経」典や「史」書から区別して一括し、「子」部の書とよんでいる。

秦漢期からのちに数家に整理された思想家群の源流は、おおむね「諸子」の活動時期にさかのぼって、もとめることができる。相手の名称をあげて専門思想家を対比して批判するのは、戦国末期の『荀子』非十二子《ひじゅうにし》篇・『韓非子《かんぴし》』顕学篇や前漢初期に成立した『荘子《そうじ》』天下篇などに見える。これらは「儒墨」と併称されて、その儒家と墨家の組織力を誇ったあとを伝えていることは、すでに述べてきた。

また、「諸子」を陰陽之《の》術・儒者・墨者・法家・名家・道徳の六専家に分類したのは、前漢初期、司馬遷《しばせん》の父、談《たん》(?—前一一〇)の「六家之《りくかの》要指」(『史記』太史公自序《じじょ》)にはじまる。そこには、この六家の長所と短所が要領よく紹介され、道徳(道家)を他の五家の長所をかねる卓越した術芸とするのにひきかえ、儒家はより不十分な学術にすぎず、墨家集団はすでに没落したことを告げている。

『漢書《かんじょ》』芸文志《げいもんし》には、国家教学と化した儒家の奉持する経書《けいしょ》、つまり「易《えき》・書・詩・礼・楽《がく》・春秋《しゅんじゅう》」とそれを補助する「論語・孝経《こうきょう》」などを、劉漢王朝の国家学〝六《りく》芸《げい》〟として別格にあつかい、その他の学派を百家九流の〝諸子〟に分属している。これは、劉向《りゅうきょう》(前七七—前六)・歆《きん》(前五三?—後二三)父子が、前漢後期、宮廷の蔵書を整備し、その解題「別録」と七分類の書目「七略」を作制したことにもとづくが、後漢の班固《はんご》(三二―九二)がこの類目にそって「芸文志」を六芸略・諸子略・詩賦略・兵書略・術数略(数術とも)・方技略の順序に編成した。そのうち諸子略は、経書からはずされた「儒」家の書を筆頭に、「道・陰陽・法・名・墨」と「従横《しょうおう》・雑《ざつ》・農・小説《しょうせつ》」の十家者流にまとめた(第11章を参照)。

これらの流派の出現を、「芸文志」は、周王朝の〝王道〟が衰微し、戦国〝諸侯〟がそれぞれ強国化を謀ったため、一技芸を売りこむ術策の士たちの奔走をみた結果であるとし、〝諸子〟はもと周王朝の中央職官〝王官〟の系統をひく、とする。たとえば道家は古代王朝の史官に由来し、縦横家はおなじく行人《こうじん》の官(外交官)からくる、として諸学説の由来とその術芸は窮極的には国教の経典〝六芸〟を補足すべきもので、その一部分をおのおの分担しているのだ、と評定する。うち国家統治に参考となる学芸は、小説家をのぞいて九者つまり百家九流に限定された。このことは、諸子に部分的な相対評価をあたえることによって、両漢の際の当時にきずかれた国教六芸(五経)の権威をいっそう高めるための仮託に出たもの、と考えられる。

遊説の士

諸子百家の実際の活動は、〝諸侯〟の城邑国家体制から君主専制の領土国家への移行期にあたり、従来の貴族領主制の解体過程のなかに生まれ、その城邑体制からは自由な、士人知識層がその担い手であった。第3章で述べた孟子の活躍ぶりを見れば、その一端がうかがいえよう。

当時の、君主権の強化と富国強兵による領土国家の拡張をのぞむ為政者は、その治民・財政・軍事などに有能な人材を要求し、彼ら知識層の活躍を促した。彼らは各国の政権担当者がなやむ内外の事件に解決の方策を提供し、各自の信ずる政術を入説《にゅうぜい》した。

また、彼らを保護した有力君主も出現し、たとえば斉《せい》の威王・宣王(二代で前三五六—前三二〇在位)らは臨淄《りんし》の都城の稷門《しょくもん》近傍に参集した〝文学の士〟に邸第を与え、仕官を条件とせず自由討議をさせている。この「稷下の学士」には、鄒衍《すうえん》・鄒奭《すうせき》・淳于《じゅんう》髠《こん》・田駢《でんぺん》・接子・慎到・環淵や「管子」学派があり、すでに述べた孟子や荀子の徒ものちに名を列ねた。

この九流の学士たちは、たがいの接触を通じて説話の比喩や弁争の論理をみがき、学説の相互理解も深まり、相手の理論を自己の主張に組みいれて他派に優位に立とうとした。戦国期を通じての、名・道・墨(墨弁)・儒(荀子・春秋学系)の諸家をつらぬく論理学の発達や、戦国末・秦漢期の、儒家と道家、法家と道家などの間に、接近・浸透の現象がいちじるしい。

時代が下るにつれて、いっそう政争の場に活躍する機略縦横の智謀・達弁の士が現われた。斉の孟嘗君《もうしょうくん》（田文、？―前二七九）、趙の平原君《へいげんくん》（趙勝、？―前二五一）、魏の信陵君《しんりょうくん》（魏無忌、？―前二四四）、楚の春申君《しゅんしんくん》（黄歇《こうあつ》、？―前二三八）たちは、彼ら食客三千を動員した世にいう戦国の四君子であるが、かの毛遂《もうすい》（平原君の）・侯嬴《こうえい》（信陵君の）らはながく後世に名を留めた。

遊説の士は、かくて戦国諸侯の客士として、弁説の巧みさを練りあげ、俚諺を駆使し寓話や比喩を設定し、あるいは俳倡や任侠の性格をもあらわに示しつつ、一方で論説のうえでの表現技術をたかめていった。なかにその表現または概念規定〝名〟と実体〝実〟との関係を問題にする、論理的関心または知識についての反省のあとが残された。

名　家

それは、のちに名家《めいか》とよばれる戦国期の弁者または察士たちの、鋭い明察や弁争のなかから生まれた。司馬談（「六家之要指」）がはじめて「名家」と称し、『漢書』芸文志「諸子略」の十家や『隋書』経籍志「子部」の十四家をこの名で数えているが、『漢志』

に著録された書籍は「鄧析《とうせき》二篇」「尹文子一篇」「公孫龍子十四篇」「成公生五篇」「恵子一篇」「黄公四篇」「毛公九篇」の七家に限られている。

およそ言論について、孔子は「辞は達する而已矣《のみ》」(『論語』衛霊公篇)ことば、ことばは伝達を果たせば十分だ、としたが、彼はまた正名主義を唱えて民間の利権訴訟を弁護した鄧析(?—前五〇一)らの〝両可の説〟(双方に通用する言論)と対決したことは、第1章に述べたとおりである。

申不害《しんふがい》(前三八五?—前三三七)の〝刑名参同《けいめい》〟は実功《しごと》(形)で言辞《ことば》(名)を〝審験〟する法術による臣下統御のための、名実験証主義をとり、商鞅《しょうおう》(前三九〇?—前三三八)や慎到(前三九五—前三一五)から韓非《かんぴ》(前二八〇?—前二三三)におよぶ法治思想をささえる刑名実証の論理をおしすすめた。

それに並行して、戦国領主間の外交術策のなかで論弁を鍛えた察士の恵施《けいし》(前三七〇?—前三一〇)は、いわゆる詭弁を展開している。彼は宋の人。前三四一年ごろ、孟子がかつて遊説した魏(梁)の恵王の宰相となり、新法を制定し合従《がっしょう》の外交策を謀ったが、連衡《れんこう》の策士張儀《ちょうぎ》らに阻まれて失脚し、楚国と宋をめぐり、魏国にかえって死んだらしい。同郷の荘子《そうし》(荘周)とは親交があり弁争のライバルであった。「歴物十事」(『荘子』天下篇)に残る「山は沢よりも平らか」「きょう越《えつ》国に行ったが、きのう来ていた」

など、思考の価値基準を懐疑して、時処位の無限定性のうえに現実の相対的価値を批判する論弁によって、事物と認識の真否を問うた。そしてそれに応戦した道家(荘子)が斉物《せいぶつ》の論を、儒家は伝統的な正名《せいめい》主義を、墨家は独特のすぐれた論理(墨弁)を、それぞれ深める論証をみちびいた。

恵施はしかし諸国抗争の外交折衝での奇知と弁析のなかで、意表をつく奇警な逆説の詭弁をねりあげ、相手を言いまかすのを本領としたため、「弁辞に拘わりすぎて事物や心理の実相から離れ、論難に終始して役立たぬ」(『荀子』解蔽篇など)と評された。荘周(前三六九―前二八六)は、恵施の好敵として、相対価値を虚妄とし彼我一如の渾然〝物化〟の境地をもとめ、絶対的相対主義の立場から、有限知を超越した万物斉一の理論を唱えた。その間、論証技術は的確な推理をかさねる一方で、対偶・連鎖や比喩・寓言の連想による奥妙な精神世界を表現する方法を発達させたのである。

さらに刑名家でもあった公孫龍《りょう》(前三二〇?―前二五〇)は、〝堅白異同〟〝白馬非馬〟の論をたて、触覚と視覚、色彩と形状のそれぞれたがいに補完しえない別個の概念であるとして、思索に不適な孤立語の漢語(古代中国語)を省察して、在来の名実論に概念分析を加えている。

現存の『公孫龍子』によると、「堅く、白い石」は、手にふれて知る〈堅い〉と目でみて知る〈白い〉に分析でき、この二者は実在としてでなく〈イシ〉に内蔵され、ヒトの〈神〉によって知覚される〈イシ〉の属性であるとして、一物体を二個の概念に分析した。また、「白馬」は色彩〈白い〉が形状〈ウマ〉の属性として形状と一体となって知覚されるが、もし視覚の色彩を実在化して形状から独立させるときは無意味な二語に分裂するとして、それを「白馬非馬」と表現した。中国語の本質に根ざす個物の具体認識の方法、つまり荀子らの実念論にたいし個物優先の唯名論の立場にたつ、と言いうる。ただし、これを「(個物の)白馬《はくば》は(類概念の)ウマ一般ではない」の意味として、類種基準の差異ととる説もある。

この時期の墨家には、論証の客観性を重んじて「本原・分名・察類・明故」を立てる独特の論証法をもつ〝別墨〟集団があらわれ、定義・概念・判断から推理論など論理観念の問題全般にわたって、まじめな追究を行なっている。世にいう墨弁《ぼくべん》である。

古代統一帝国を目前にした荀卿(荀況《きょう》)の論理説は、統一世界に君臨する〝後王〟の礼制を確立するための〝制名〟(正確な概念規定)を重視し、類種の「共別」作用による万物の〝同異〟(相違区別)と普遍存在の〝物〟とを認めて、従来の諸家の論理説を批判していた。

かくて、戦国中期から展開していった名(名辞・概念)と実(事物・実体)との関係論、つまり知識と論理への考察と、第10章でも述べる政治思想としての名分論とは、秦漢帝国の形成期をつうじての重要課題であった。

秦漢期以後になると、外在的規制としての国家の礼法制度と身分秩序である綱常倫理との、両者の一致をもとめる儒教的〝名分〟思想が優勢となり、名家はその視点からみての概念分析家「名実を正す」学派としてのみ認定されるに終わったのである。

法家

百家争鳴の〝諸子〟のうち、戦国七雄を統合して古代統一帝国の実現に最適の理論を構築したのは、専制統治の人間支配論を準備した法治思想家たちである。司馬談の「六家之《の》要指」に、名家とならんではじめて「法家」の名称がみえるが、法家思想を集成した韓非の説にしたがって、〝法治〟〝術治〟〝勢治〟を法家の三本柱としてみてゆこう(『韓非子』定法篇)。

春秋後期、鄭《てい》の執政子産《しさん》や晋《しん》の范宣子が、「刑書を鋳て」法文を公開し、支配の恣意性を排して権力の及ぶ範囲を明示する方向にすすんだ。法治が、刑事にとどまらなかったことは、すでに第1章で述べたとおりである。戦国初期の李悝《りかい》(李克)は、魏《ぎ》の文侯(前四四五—前三九六在位)の師として「法経」を著わし(『晋書』刑法志)、盗・賊(詐欺)、囚《しゅう》・捕《ほ》、雑、具の法律六篇によって治安と民間資産の保護をねらいとした。また彼は「地力を尽くす教《おしえ》」を説き(『漢書』食貨志)、農地の拡大と穀価統制による増産備荒の施策を唱えて、富国と法治主義を結びつけた。

おなじく魏の文侯のもとで常備軍を設けた呉起《ごき》(前四五五?―前三八一)は、兵家に名をとどめるが、法令による集団の統率を実施して強兵と法治統制を一つに結んだ。文侯の死後、楚《そ》の悼《とう》王(?―前三八一)の宰相となり、特権貴族の抑制と中央集権のための官制整備を行ない、外国と通謀する〝従横《しょうおう》〟家を排除した。

李悝と呉起のあとを承けて、法治主義の第一人者として現われたのが、商鞅《しょうおう》である。商鞅(公孫鞅・衛鞅、前三九〇?―前三三八)は、衛《えい》の公族の出身で、秦《しん》の孝公(前三六一―前三三八在位)に認められ、二度にわたって変法(制度改革)を実施し(前三五九、前三五〇)、その国の後進的な体制を一新し、魏に対する勝利を導いた。その施策はほぼ次のごときものであった。

一、分割再配分をくりかえす諸貴族の封邑を君主の独占管轄に収め、県単位に改編して中央派遣の官吏が統治する。二、隣保組織の什伍制を敷いて住民に連座責任を負わせ、戦時にはそのまま軍団の最小単位に転用する。三、信賞必罰による、官民の勤労・戦闘意欲を高め、軽犯罪にも厳罰でのぞむ法令の無差別励行を期する。四、大家族を分散させ単婚家族による耕織中心の重農抑商策をすすめ、人民を独裁君主の個別支配のもとにおく。五、軍功爵を創設し、個人単位に土地所有と資産を等級づける。六、「阡陌《せんぱく》を開き」（耕地・交通網整備）、度量衡を統一し、税率基準を公正にする。

この、商鞅変法によって、城邑国家体制は一変し、領土国家的な新体制にきりかわり、秦の天下統一の基礎が築かれた。後人の編んだ『商君書』によっても、彼の政策が、君民関係の統制整備、つまり君権強化と駆民組織による富国強兵のための機能的な国家体制づくりを目指すものであったことが明らかである。ただ、商鞅じしんは反動貴族の恨みを買って、孝公の死後まもなく非業の最期を遂げた。

ほぼ同時代に申不害がいた。韓《かん》の昭侯（前三五八―前三三三在位）に宰相として十五年、富強に実をあげたのは、前述の、刑名を用いて群臣統御《コントロール》の術にたけていたためといわれる。〝術〟とは、臣僚の勤務状況の監察をつうじてその分掌する職務（名）と実績（実）との一致不一致を参験し、この考課にもとづいて賞罰を下す方式（刑名参同）である。

やや遅れて世にでた慎到《しんとう》は、第4章でもすでに触れたように、外物に因循する道家的思考によって、君主は私意や賢能の知恵を退けて社会の道理を表現する法令に任ずべきであり、また勢位の自然に任ずべし、とした。この必然の〝勢《せい》〟とは、境遇と地位により生ずる権威・権勢である。この、個人能力を超えた権力によって、君主は臣下と人民に絶対的に下命するのである（『韓非子』難勢篇）。

韓非《かんぴ》（前二八〇？―前二三三）は、李斯《りし》とともに荀況の門に学んだ韓《かん》の公子であるが、新時代をひらく法家思想を集成した。それは、統一帝国を実現させた強秦《しん》のために、国家統治の理論と政術を提供する役割を果たした。

人性論では、師の化性説を否定して人間不信論者に徹し、君臣―公私間のつねに相反する利害を法刑による管理統制によって処理しようとする。歴史観は、「古今異俗、新古異備」すなわち物質的な生活様式の発展にともない人間のあるべき道も絶えず変化する、政法・倫理も新しい社会生活に即応して改革するものだとする後王思想につらぬかれている。政治思想は、この性説と古今異俗観にもとづいて、君主至上の統治論を展開させた。

商鞅の〝法〟治（成文法の徹底施行）と申不害の〝術〟治（群臣操縦法）に慎到の〝勢〟治（権勢ある地位の確保）を総合した専制支配の、官僚統治体制を編みだしている。そして権力中枢を道家のいう静虚（自然無為）におき、臣下の追従《ついしょう》を許さず逆にその言動を洞察する君主の〝虚心〟をもとめた。

その著「韓子五十五篇」(『漢書』芸文志)、のちの『韓非子』二十巻は、全体として秦漢の交の著述である。群臣統御の術を説く「孤憤・主道・揚権」などの前半諸篇にたいし、後半部には「五蠹《と》・顕学」など法と勢を論じた篇が多い。さらに「経」とその「伝説」(解説)の両部分にわけて学説を説く「内儲説《ちょせつ》・外儲説左右」の上下六篇のように、その所説の主旨を徹底させる効果を随所に発揮していて、論証文の有力な著述形態をこの書において完成させている。

この韓非思想を継承し実践したのは、李斯(?―前二〇八)にほかならない。秦の荘《そう》襄《じょう》王の丞相呂不韋《じょうしょうりょふい》(?―前二三五)の推挙で客卿(高級顧問)となり、始皇帝が天下一統に成功する(前二二一)と、その廷尉ついで丞相に任じ、帝国の施策はほとんど彼の計画に出た。近年、睡虎地《すいこち》(湖北省雲夢《うんぼう》県)の秦《しん》墓から出土した多量の簡策は当時施行された秦律が大部分を占め、その行政・刑罰等の法制や兵制の事実が明るみに出、いっそう法治の実態が解明されることとなった。

縦横家

諸子百家に数えられた外交上の策士家たちの行跡を、『漢書』芸文志は「従横《しょうおう》」家者流として一まとめにした。

戦国期の蘇秦《そしん》の合従策《がっしょう》(約従《やくしょう》・従親とも)と張儀《ちょうぎ》(?—前三〇九)の連衡策《れんこう》で知られた〝従《たて》(南北系)〟と〝衡《よこ》(東西系)〟の国際同盟を唱える外交策のことを「縦横」という。『韓非子』(五蠹篇)にその内容を伝える。

国際・国内の情勢変化を予察して国君を遊説し、巧妙な弁説で権力を動かしたこの外交上の策謀は、「従横長短、従横捭闔《はいこう》」と呼ばれ、連合・離間や和戦の交渉を通して戦国諸侯の政権や国益を左右した。

秦漢統一帝国の出現後は、国家に忠誠な外交官の全権委任(辞令・便事《べんじ》)は認められたが、その弁説と術策による外国との通謀を「便辞利口、傾危変詐」(『隋書』経籍志)つまり詐諼《さけん》(二枚舌)の辞で国権を傾けるものとして危険視された。漢魏期にいったん復活する「合従連衡」には、相互利益の同盟を従、脅迫による盟約を横とする解釈が定着した(臣瓚の説)。

兵家

戦国期に発達した政戦両略の軍事思想をさす。著名な『孫子』『呉子』や近年出土の『孫臏《そんぴん》兵法』のほか、ひろく『荀子』儀兵・『管子』兵法や秦墨《しんぼく》の手になる『墨子』の兵技《へいぎ》巧書《こうしょ》や『淮《え》南子《なんじ》』兵略などの諸篇の、軍略・兵技論、さらに軍礼(兵制)の『司馬法』など、秦漢期の儒墨・道法・縦横家の諸思想と重なりあう。

兵家の名称で諸子百家に加えたのは、劉歆《りゅうきん》「七略」にはじまる。しかも九流から独立して「兵書略」として分けたのは、国家の軍備重視の反映である。それには、戦国期の兵法書が漢初から整理され、前漢末の任宏《じんこう》が四分類して、政経・国防の総合戦略論の「兵権謀」、情勢に即応しうる用兵術の「兵形勢」、気象・地勢などを測候する「兵陰陽」、兵器や武術《スポーツ》をあつかう「兵技巧」の、計五十三家七百九十篇・附図四十三巻を著録した(『漢書』芸文志)。

現存の古い兵書は、魏武《ぎぶ》(曹操)が再編したものが多く、また北宋に編まれた『武経《ぶけい》七書』は本邦戦国期に流行した。

7　陰陽思想と「易伝」

陰陽思想

陰陽《いんよう》思想とは、宇宙自然を陰陽二気もしくは木・火・土・金・水の五行《ごぎょう》に還元し、自然現象や人事を説明する思想であって、陰陽五行説ともいわれる。

戦国中期、前三世紀前半ごろ、すでに個体の生命や自然変動の物質的原動力《エネルギー》となっていた「気」が、天地万物の生滅変化をその聚散によって説くようになるのと並行して、ほんらい〝山の日かげと日あたり〟の意味であった対称語の「陰・陽」を性質の相反する両種の気として設定し、その二元素を応用して天地自然の運行を説明し、その変動と調和の状態を解釈しはじめた。

陰陽二元の気の〝消息〟（運動変化とその法則）の理論は、鄒衍《すうえん》らから史上に明らかになるのであるが、暦数家の時令《じれい》説に五行説とともに併用されることによって、農事暦を媒介に四季の推移と天子の統治行為とが相即調節されうるとする、天（自然）と人（治政)との関与しあう感応の原理を見出すに至った。

まず鄒衍(騶衍とも)について、見てみよう。

鄒衍

彼は、孟子よりはやや後のその学統をひくといわれ、斉《せい》の〝稷下《しょくか》の学〟の有力な一員であった。魏《ぎ》(梁《りょう》)の恵王、趙の平原君、燕の昭王(前三一一―前二七九在位)などを歴遊して厚遇をうけている。その思想は、後世の政体論に多大の影響を与えた五徳終始説と、大九州説にみられる世界観とに特徴がある。彼は陰陽思想に五行説を結びつけた創唱者といわれる。

陰陽二気の消息を観察することをとおして、現時点の卑近な個別事象から類推能力を大胆にはたらかせ、時空に無限の、遠大な世界を〝推知〟するという方法をとった。時間をさかのぼっては天地未生《みしょう》の窈冥《ようめい》界に入り、空間を拡大しては溟《めい》海のそとに及ぶところの、〝閎《こう》大不経《けい》〟(並みはずれたスケール)の論説にひとを驚愕させ、彼に〝談天衍〟のニックネームをささげた。

その主張は、「天地の剖判《わか》れて」以来の「五徳の転移」(五行の徳《はたら》きの交代)には一定の期運《さだめ》があり、それに適応した政体が存在することを唱道した。当代から黄帝までさかのぼって、数代の王朝の帝王治績と歴代の〝禨祥《きしょう》・度制〟(吉凶・体制)の盛衰と変移を説述し、転じて将来の予兆をも推知しうると唱えて、政権保持に困《くる》しむ当時の戦国領主を竦動《しょうどう》させた。この王朝交代の原理は、のちの秦《しん》帝国の始皇帝によって採用されている。いわゆる秦水徳説がこれである。

他方、地理的世界観としては、〝天下〟は大九州から構成され、目前の中国つまり儒家のいう九州(禹貢《うこう》九州説)とは、この大九州の九分の一の神州《しんしゅう》の、そのまた九分の一の、一つの県にすぎないとした。中国の実の名は、赤県《せきけん》神州であって、その八十一倍もの広さの大九州は、小世界の各州が裨《ひ》海に、その全体をば大瀛《だいえい》海に囲まれていると考えた(以上『史記』孟子荀卿伝・騶衍伝)。

鄒衍の著作には「主運篇」があり、『漢書』芸文志の陰陽家に「鄒子四十九篇」「鄒子終始五十六篇」の巨冊が著録されている。この内容は、おもに陰陽の気と五行の徳の〝消息〟つまり継起し循環する天然現象の変化と、それぞれの徳を代表する王朝の命運、吉凶・興廃の運数とのあいだに起こる感応のさまを説明し、その政治体制の交代・革命の原理を説明したものであるらしく、暦数の観念を政術的に運用した政論書であったと考えられる。これらは、動乱する政情や社会変動に一つの未来予測をおこなうことによって、秦漢期の諸思想に重大な影響をもたらした。

五行思想

五行《ごぎょう》思想は、陰陽とならんで、自然と人間の諸現象を説明するのに大きな役割を演じた。

五行とは、水・火・木・金・土をさし、そのはじめは、日常生活に必需の物資の基本材が象徴化されたものであり、陰陽説とむすびついて五種の気、宇宙に遍満する五つの活動源《エネルギー》的元素であって、それは万物の存在や作用の由来するところのものと考えられた。

鄒衍の五行説（五徳終始）は、一代の帝王はいずれか一つのこの五行の徳（気の作用）を命数として備えて王者となるが、すべての王朝は五徳の順序にしたがって興廃する、という政権交代の原理である。たとえば「文王の時に及んで、天はまず火赤烏《う》の丹書（あか色の書籍）を銜《ふく》みて、周《しゅう》の社《と》に集まるを見《あらわ》せり。文王曰く、火気《かき》勝てり、と。火気勝つ、故に其の色は赤を尚《たっと》び、其の事《まつりごと》は火に則《のっと》る。……火に代わる者は、必ずまさに水ならんとす。……其の色は黒を尚び、其の事《まつりごと》は水に則る」（『呂氏春秋』応同篇）とあるように、周王朝はすべて火気が旺盛で、その固有の赤色を服飾などに用いる。そして五行相互の関係は、土（黄帝）→木（夏禹）→金（殷湯王）→火（周文王）→水（秦始皇）のように、それぞれ前者の王朝にうち勝ってあらわれるとする相勝・循環の原則（相剋説）の立場をとった。

これが秦漢期をへて前漢の政治的安定の時期へとむかうにしたがって、木↓火↓土↓金↓水と、つぎつぎに生成してゆくとする、政権禅譲のかたちをとる相生説（『管子』五行篇など）がうまれた。

なお、五行には、思孟五行《こう》説としての仁・義・礼・智・聖の五つの徳行をいうもの（賈誼《かぎ》『新書』六術篇、馬王堆《ばおうたい》漢墓出土の帛書《はくしょ》）や、荘・忠・敬・篤・勇の五つの孝行（『呂氏春秋』孝行覧）などは、のちの董仲舒《とうちゅうじょ》のいわゆる五常（仁・誼・礼・知・信）とともに、いずれも人間のすぐれた行為をさしており、循環し巡行する天地自然の運数をさすものではない。

『呂氏春秋』十二紀の五行配当表

四時	十二気	日躔	昏中	旦中	五方位
春	孟春	営室	参	尾	東
	仲春	奎	弧	建星	
	季春	胃	七星	牽牛	
夏	孟夏	畢	翼	婺女	南
	仲夏	東井	亢	危	
	季夏	柳	心	奎	
					中央
秋	孟秋	翼	斗	畢	西
	仲秋	角	牽牛	觜嶲	
	季秋	房	虚	柳	
冬	孟冬	尾	危	七星	北
	仲冬	斗	東壁	軫	
	季冬	婺女	婁	氐	

五行(盛徳)	五虫	五音	十二律	十数	五味	五臭	五祀	五臓(祭先品)	五色	五穀	五畜	五器
木	鱗	角	太蔟 夾鐘 姑洗	八	酸	羶	戸	脾	青・蒼	麦	羊	疏達
火	羽	徴	仲呂 蕤賓 林鐘	七	苦	焦	竈	肺	朱・赤	菽	鶏	高觕
土	倮	宮	黄鐘之宮	五	甘	香	中霤	心	黄	稷	牛	円揜
金	毛	商	夷則 南呂 無射	九	辛	腥	門	肝	白	麻	犬	廉深
水	介	羽	応鐘 黄鐘 大呂	六	鹹	朽	行	腎	黒・玄	黍	彘	宏弇

時令

司馬談の「六家《りくか》之《の》要指」では、「陰陽家」は六学派の首位に立って時代思潮を代表し、秦漢期の天官である太史《たいし》の、その職掌に相当する天文暦数をあつかう技能者の学団であり、彼らは時令説を奉じていた。すなわち自然界の秩序を暦法として制度化し、統治権者の天子が年ごと季節ごとに発する政令または教令、つまり時令を通じて、天命をうけた天子が天下人民の社会生活を統治する。農耕牧畜を基本産業とした当時にあっては農事暦がその時令にあたる。鄒衍のものという『管子』四時篇やその後学の鄒奭《すうせき》の著述である幼官篇(『管子』)から、いまの『呂氏《りょし》春秋』の十二紀や『淮南子《えなんじ》』時則篇、『礼記《らいき》』月令《がちりょう》篇がその具体例である。

これらの時令には、すでに五行説が融合し、四季の変化と年間の政事が五徳終始(五行相生)の循環原理によって適用され、さまざまの人事現象が四時十二か月に配当されている(五行配当)。自然と人事が陰陽五行の円環的な終復運動にしたがうかぎりその調節可能な和平状態が維持され、そこには天子の治政を中心にすべての人間社会は〝陰陽消息〟に随順することによってその安寧秩序が保たれるとする、則天主義が支配した。

「周易」

『易経《えききょう》』は、単に「易《えき》」または「周易《しゅうえき》」ともいう。八卦《はっか》を組み合わせた六十四卦《か》とその象徴する意味を述べた卦辞《かじ》と、各卦を構成する六本の爻《こう》(⚊⚋)のあらわす意味を説いた爻辞《こうじ》(64×6)とが、易の「経《けい》」文であって、上下二部に分かれる。

六十四卦の卦爻辞それぞれへの解釈である「彖伝《たんでん》」「象伝《しょうでん》」、および「易」全体を総合的に解説した「繫辞伝《けいじでん》」などの部分が、「伝」であって、ふつうこの十部から成る

「易伝《えきでん》」を十翼《じゅうよく》とよぶ。

上下「経」と十翼とで、『易経』十二篇を構成する。所伝によれば、八卦を太古の三皇伏犠《ふっき》、六十四卦を神農《しんのう》が、卦爻辞は周《しゅう》の文王《ぶんのう》、十翼は孔子《こうし》が、それぞれ作制し、商瞿《しょうく》が孔子から学んで、代々「易」を伝えて前漢の田何《でんか》に至った、という。これは、しかし秦漢期に系譜づけた儒家の所産である。

「易」は元来、古代中国の占卜、つまり未来予知の方法の一つであり、亀甲獣骨の灼理《しゃくり》(焼き目)による「卜《ぼく》」と、蓍《し》(メドハギの茎)の計算による「筮《ぜい》」とがあった。神聖視された「卜」よりもやや複雑な数理性をもつ「筮」が流行した。現に伝存する「易」も、五十本の蓍(筮竹)の算数的操作によって卦と爻を選び、その卦爻に与えられた繇辞《ちゅうじ》(吉凶の文句)を見て、判断する。『春秋左氏伝』によると、現存のと異なった繇辞が見えるが、春秋・戦国期にかけてそれぞれ特定の卦に定着したものであって、その繇辞をもとに成語のたぐいを加えた『易経』の卦爻辞は、ほんらい学術的なものではない。

しかし、筮法の算術に神秘数の信仰が結びつきやすいこと、起こりうるあらゆる問いに応ずるように、卦のなかに象徴の観念が生じたこと、これに戦国期の陰陽思想がはいりこみ、陽爻⚊・陰爻⚋の交錯による無限の環流と変転が、万物の生成と変化の相を示すものとされたこと。これらが、戦国末・秦漢期の政治思想・人間論とならんで宇宙論の展開をみるなかで、元来その要素を欠いていた儒家によって取り上げられ、陰陽・黄老思想をまじえて、「十翼」が形成され、天地人の三才をつらぬく形而上学が成立していったのである。

「十翼」

十翼のうち、思想史上とくに注目されるのは、「文言伝《ぶんげん》」と「繋辞伝」「説卦伝《せっか》」である。上古の帝王に伏羲《ふっき》・神農《しんのう》を数える「繋辞」と思想的に共通する「説卦」冒頭部分の易論と、その乾坤二卦の各論に相当する「文言」とは、『呂氏春秋《りょししゅんじゅう》』(前二三九成立)に前後して漢初にいたる時期に成立した(馬王堆帛書の「易」資料を参照)。それは儒家の徒が、卜筮の書にあつかわれたために秦火を免かれた、その「易」を活用し、みずからの理論補強に転じた時期に一致する。

まず、この三伝は「彖伝」「象伝」の剛柔《ごうじゅう》説に代わって、陰陽の気《き》論をもって宇宙と万物の理法を説く。「一陰《いん》一陽《よう》をこれ道《みち》と謂う。これを継ぐ者は、善《ぜん》なり。これを成す者は、性なり」(繋辞伝上)、「窮理《り》尽性《せい》、もって命《めい》に至る」(説卦伝)と。「天の道」—宇宙・万物の理法を継承するのは、人の善徳であり、それを完成させるのが人の天性、である。つまり賦性《ふせい》のなかで善徳を積むことによって、「天（地）の道」を具現させうる。この、天（宇宙自然）とそれへの人（人間社会）との関わりあいを天命と自覚することが、易論に要請された。

すなわち「易」を創作した聖人は、「天地の道」を人民にむかって象徴《シンボル》として卦爻に造形し、その「道」のはたらきを卜筮などを媒介として現実の場にもたらす。つまり聖人は、天地・万物の理法に一致しうる人格であり、それに順応するモデルである。

> 夫れ大人《たいじん》なる者は、天地とその徳《とく》を合し、日月とその明《めい》を合し、四時とその序《じょ》を合し、鬼神とその吉凶を合し、天に先んじて天違《たが》わず、天に後《おく》れて、天の時を奉ず。（乾卦の九五爻辞の文言伝）

この大人は、「誠なる者は、天の道なり」としてあたかも「誠《まこと》」をもって天地を覆《ふう》育《いく》する宇宙・万物の存在原理とした、かの『中庸』における、その誠の徳を完全に具現した聖人に、ひとしい。

それは「天地の化育を賛《たす》け」「物を成す」（『礼記』中庸篇）はたらきの誠を天下に媒介しうる人格でもあった。

そして、「易」の「物を開き務を成す」開務思想は、人智の開発に積極的な聖人の治政の姿勢そのものであり、伏犧《ふっき》・神農・黄帝・堯《ぎょう》・舜《しゅん》ら「聖人」がこの「易」の各卦にのっとって文物・制度を創始し民を治めたとする。この点も、『中庸』が「万物を発育し」「礼儀三百、威儀三千」の礼秩序の世界を成立させて「至道」を天下に実現せしめようとするのと、照応する。かくて新装の儒家は、人間社会のいとなみと宇宙自然のはたらきとの関係を理想の人格を媒体として説く天人相関思想の深化をもたらし、現実の皇帝に理想の為政者を需《もと》める治政理論を提供した。

「易」の太極

漢代の易学は、陰陽二元の循環、不断の変転を説く「易」によって万物の生成と変相の段階的展開を図示した。

陰陽二元の物質的な気が消息し生滅する「一陰一陽する」運動が、形而上の一者「道」のはたらきとしてとらえ、「易に太極あり、是れ両儀を生ず、……」(繫辞伝上)の、存在の根拠を究極の一者、宇宙・万物を統一する中心の「太極」によって表現した。「易伝」に影響した陰陽家の時令思想とは別に、礼楽を奉じた儒家の手によっても、根元の一たる「太一」をとらえていた。

音楽の由りて来たる所の者は、遠し矣。度量より生じ、太一に本づく。太一は両儀を出だし、両儀は陰陽を出だす。……万物の出ずる所、太一に造《はじ》まり、陰陽に化す。……道なる者は、至精なり。為形《かたちづく》る可《べ》からず、為名《なづ》く可からず、彊《し》いてこれを為《なづ》くれば、之れを太一と謂う。（『呂氏春秋』大楽篇）

この太一は「易伝」の太極が両儀―四象―八卦を統括する系統の中心にたつ実在のすがたをとるのとほぼ同種の論理をもつ。終復循環し渾沌離合する、車輪のごとき自然の運行が、そこではさらに度量（音律）をささえる原理、大楽が平安を生みだす根本を求めて「平↓公↓道」とさかのぼって、それらを道の徳《はたら》きによる、とする。末形《びけい》・未名の道のはたらきを表現するのには、「易伝」にあった論理と共通するものを得て、太一―両儀・陰陽―万物の形式にまとめられている。

　このように、変転・生成の動的運動の前段階に、より抽象的で静的な状態を設定し、諸現象の根元を単一・中心の「一・極」に帰属させる考え方は、儒家の礼楽理論（『礼記』礼運篇など）にかぎらず、漢初の黄老思想を伝えると思われる『荘子』外篇にも見られる概念（天地篇・列禦寇篇など）であった。そこには、宇宙・万物の生成の過程をたどろうとする一般的な要求と同時に、この形式のなかで自然と人事の多様な万物を包括する統一中心体を求めて、「大人」に比擬される君主権者の新しい位置（皇帝）を合理づけるべく、その歴史的課題を果たそうとした思想的営為のあとを見出しうるのである。

儒家の経典となった『易経』は、数理をまじえて天地宇宙の理法を簡易にわりだし、一種の合則性をしめす数によって未来予知を可能にするとともに、天人相関思想の盛行とともに、とくに前漢後期の治政理論を生みだした。孟喜《もうき》・京房《けいぼう》または劉歆《りゅうきん》らによって「易」の数理と律暦が結びつけられ、政治・人事上のあらゆる現象が、自然を媒介として「易」の象徴と数理つまり「象数」に予見されるものとして、「春秋」学とならぶ「易」学は六芸《りくげい》のトップに立った。

その一典型として、三統暦《さんとう》の世界がある。それは、正月を歳首とした太初暦《たいしょ》(前一〇四—後九施行)の内容をうけて、前漢末の劉歆《りゅうきん》(前五三?—後二三)が増補し、王莽《おうもう》の新《しん》に採用された暦法である(後九—八五施行)。一年やひと月の日時の実長のほか、食計算や惑星運動を補充した中国初の天体暦で(『漢書』律暦志)、三統上元(暦元、こよみの計算の起点)や超辰法(木星による紀年法)を設け、また実際と異なる冬至の太陽位置も採用して経書(『春秋左氏伝』など)などの天象記事を逆算して解釈した(「世経」)。

この解釈の基礎には、暦数(天文定数)と音律を、董仲舒以来の三統説と「易」数で合理づける律暦理論があった。『春秋』の元(統一原理)には三統(天施・地化・人事)の位相があり、この3を周期とする根本数を「参天両地」(説卦伝)などの「易」の数理を用いて、律数(十二律管の管長)の標準黄鐘《こうしょう》(九寸)を導きだす。その黄鐘から律暦・度量衡の諸単位をわりだして数理的に位置づけた。また、5の根本数も三統の別表現ととらえて五行説をも組みこみ、たくみに宇宙解釈を構築した。この思想史的な内容は、第14章をも参照されたい。

義理の「易」

天人相関の政治論を合理づけた「象数」の「易」は、魏晋期の人間内省の傾向のまえに退き、かわって『老子』『荘子』とともに一転して人生哲学の書となり、魏の王《おう》弼《ひつ》(二二六―二四九)の「周易注」の出現によって、『老子』の無《む》の形而上学のもとに哲理解釈を深め、六朝思想に三玄《げん》の学として多大の影響をあたえた。この「義理」の易学は、唐初にまとめられた『周易正義』に集成されている(第14章を参照)。

宋代以後も、程頤《ていい》伊川(一〇三三―一一〇七)・朱熹(一一三〇―一二〇〇)をはじめ、夥しい注釈が著わされたが、「易」の「象数」があらわす「義理」の多様から、自由解釈の余地を与え、経書への注釈つまり経学のかたちで、自己の思考を表明する資材として活用されつづけた。

8　司馬遷と歴史記録

秦・漢統一帝国の出現によって、それまで地方的な特色をそなえていた各地の文化諸制度は、かつて見ない宏壮な規模の国家機構のなかで、しだいに淘汰され組みかえられていった。

それは、法律や文字が、官服や車軌とともに、新政府の威勢のもとに一挙に統制されたことに代表されるものであるが、その支配のおよぶ版図は、過去の中国の常識をはるかに超えていた。この帝国の規模に見あった壮大な総合世界像とその完全な理解力が、当時の知識人に要請された。

前漢の武帝にいたって、王侯国は「推恩の令」によって消滅の一途をたどり、郡県制中央集権の専制皇帝が文字どおり君臨した。武帝は、領土の拡張にともなう中国世界のいっそうの遠大なひろがりに適応させるべく、董仲舒の「対策」(諮問答申)を採用して儒学をもって国教と定め(前一三六)、対抗する諸学術の存在を排除し、思想面でも強力な統一世界観を求めた。董仲舒らの奉じた儒学は公羊《くよう》家春秋学であるが、すでに陰陽五行説や三統説をとり入れた、天人相関の休祥災異《きゅうしょうさいい》思想を骨格としていた。それについては、第9章で述べる。

司馬遷

支配者がわからする、さまざまな集中統制や民衆の生活を総合編成する動きのなかで、現政権をも包みこんで、古今を貫通する、一大叙事の巨篇が著わされた。司馬遷《しばせん》の『史記』百三十篇である。

司馬遷の生存は、武帝の治世(前一四〇—前八七在位)とかさなる。左馮翊《さひょうよく》夏陽(黄河の龍門近傍、陝西省がわ)に、前一四五年(または前一三五)に生まれた。遷の父司馬談《たん》は、太史《たいし》令として天文星暦の観候・制定、国家の祭祀に関する記録などをつかさどる官職にあって、そのかたわら祖業ともいうべき往時の古記録を整理する修史事業についてとみられる。子の遷に幼年から古文献に習熟させ、国内各地を周遊させて見聞を豊かにし、記録・口碑のたぐいを確かめさせたが、談じしんは国家祭典の泰山の封禅《ほうぜん》の儀・使命を感じ、その復活を企てた。かの「六家之要指」(『史記』太史公自序)もその一成果(前一一〇)に参与できず、失意のうちに編史の業なかばにして世を去った。

修史の遺志をうけた司馬遷は、父の職を襲《つ》いで太史令となり、その重要な職掌であった当時の改暦事業の、太初暦の制定(前一〇四)に、公孫卿《こうそんけい》・壺遂《こすい》らとたずさわった。一方、職務に関連して、戦国諸侯の史官記録である〝史記〟や宮室のいわゆる石室・金匱《きんき》の書にいたるまで調査し、伝説に籠《つつ》まれた太古の五帝《ごてい》時代から現王朝の武帝にわたる、通代の歴史を完成することに心血を注いだ。その半ばの前九九年、匈奴《きょうど》遠征中、ゴビ沙漠で捕虜となった騎都尉李陵《りりょう》を、かつての同僚として廷前で弁護して武帝の憤怒をかい、遷は宮刑(去勢の刑)に処せられた。

司馬遷は、この屈辱にたえ、刑余の身で中書謁者《えっしゃ》令(宦官)となり、世の冷視をよそに発憤して修史の初志を貫徹しようとした。獄中の友人に与えた書簡「任少卿《じんしょうけい》に報ずる書」に、当時の苦悶と憤りの心懐が、著作『史記』の編纂完遂に不退転の決意を示したこととともに、詳しく語られている。死没は、武帝の没年前後とされる。

『史記』

『史記』は、太古の人間史の開幕から、著者の同時代までを叙述した、当時としての全世界史であった。従来のどの書物よりも大量の篇数をもつと同時に、作者の明確な最初の体系的著述である。先秦の思想文献が、おおむねその思想集団の後次の累加的著述であるのとは異なり、個人の責任を示した終始ある完書である。

その構成は、十二本紀《ほんぎ》・十表《ぴょう》・八書《しょ》・三十世家《せいか》・七十列伝《れつでん》、の百三十篇から成る。

「本紀」は、全体の総論であり、骨幹をなす。黄帝・堯・舜らの太古の五帝から、夏・殷・周三代以下の受命の帝王の治績を記し、秦《しん》の始皇帝、項羽《こうう》の各本紀をへて、漢の高祖劉邦《りゅうほう》から武帝にいたる五代の現帝国の事績を列叙する。帝王中心にその在位年月の順に、年代記ふうに国家の大事を記述したものである。

「表」は、各種の便覧表。古代王朝の系図、西周末以後の春秋・戦国諸侯を貫通して理解するための在位年代対照の年表、項羽と劉邦が八年にわたって覇権を争った際の月表、漢初の功臣や王侯の一覧表、のたぐいから成り、ここにも司馬遷の創意の一端を見ることができる。「書」は、特殊な文化事象の総集。礼楽・律暦・宗教・治水・経済など国家の重要事項となるべき文物制度の沿革を記録する。「世家」は、西周時代から戦国末までの有力諸侯の十六篇と、漢代に封ぜられた王侯国の十二篇にわかれ、その間に儒教の開祖孔丘《こうきゅう》と秦末の反抗の主唱陳渉《ちんしょう》とを世家におさめている。これは、わずか五年間の中国を支配した項羽のための本紀とあわせて、のちに異例とされた。世家とは、封地や家禄を代々世襲した家系をさすからである。

「列伝」は、帝王や諸侯以外で後世に名をとどめるべき重要人物を列挙して、その事績を記録する。登場する人物はその歴史的役割に応じて、史実のなかに巧みに配され、個人が史的必然としての運命のうちに演ずる多様な姿を、個性豊かに描きつくそうとしている。

かくて『史記』は、王朝年代記の「本紀」と個人の「列伝」を柱とし、この史書の体裁を〝紀伝体《きでんたい》〟と称して、王朝断代史の『漢書《かんじょ》』をはじめそれ以後の正史《せいし》はこの体例にならったが、それは、王朝を支配するものの意志と個人の社会的営為との歴史に果たす役割を重視する史体である。〝編年体〟の『左伝《さでん》』(『春秋左氏伝』)や、のちの〝記事本末体〟の史書にくらべて、「列伝」中の個人の占める比重がいちじるしく大きい(第15章を参照)。

七十列伝

このように、『史記』は「列伝」にその著述の特色を発揮し、またその文章も生彩を放っている。その首篇「伯夷《はくい》列伝第一」は、伯夷・叔斉《しゅくせい》の故事を語りながら、総序の形をとって司馬遷みずからの『史記』著作の意図を述べて、末篇の「太史公自序」にあい対している。この列伝で彼は、個人は予知しえない運命に左右され、その禍福は時代と統率者たる君主との〝偶合《であい》〟によって定まる。理想に生きる努力は必ずしも報いられるとは限らない、が、その運命の支配に抗しても人間は生きねばならない。たとえ当代にあって不幸でも後世にはその努力が承認されるだろう、と考えた。そして過去の事実のうちにそれらの人士を発掘することこそ史家の使命である、と。広大な漢帝国の専制支配と微小な個人の運命との関係を正面から意識して、熱情をこめて著述にとり組む姿勢をそこに示している。

「管晏《かんあん》列伝第二」は、孔子以前と同時代の斉《せい》の賢宰相ふたりを挙げ、「老子韓非列伝第三」では、作為を極度に否定する側と人為の極致としての権力を主張する側の両思想家をあわせ、その〝無為にして為さざるなき〟両者の接点を紹介する。一列伝にふくまれる二人以上の人物の組み合わせにもくふうが凝らしてある。戦国時代を象徴するものに「司馬穣苴《じょうしょ》列伝」「孫子呉起列伝」の兵法家をおき、復讐の権化伍子胥《ごししょ》の伝がつづく。以下、戦国期に活躍する偉人を配し、辞賦《じふ》に関する人物の「屈原賈生《かせい》列伝第二十四」、「呂不韋《りょふい》列伝」のあとに暗殺者の伝「刺客《せきかく》列伝第二十六」でおわる。ついで、秦漢の交から前漢の武帝にいたるまでの宰相・将軍の、李斯、蒙恬《もうてん》、張耳・陳余から、李陵の悲劇を記す「李将軍列伝第四十九」までつづき、「匈奴《きょうど》列伝第五十」以下には、周辺異種族の伝をもまじえ、また個人のほかに若干の類目を立てた〝雑伝〟の列伝がならぶ。「循吏列伝第五十九」「儒林列伝第六十二」や「游俠《ゆうきょう》」「佞幸《ねいこう》」「滑社会・文化史的に世界をとらえようとした記録である。

司馬遷は、人間の生き方を漏れなくそして誤りなく伝えようとした。事実の究明に力を注ぎ、神話伝説の部分を避け、史料をみずからの史眼によって取捨している。それは、「五帝本紀《ごだい》」「仲尼弟子列伝《ちゅうじていし》」などの論賛や、あるいは縦横家蘇秦《そしん》に付会された同類の説話を疑った「蘇秦列伝」などに見られ、また「大宛列伝《だいえん》」論賛にも、怪誕の伝説を当時の地理上の発見によって一掃しようとする意図を示している。「殷本紀」などは今世紀の考古学的発見による出土物によってその事実が確かめられつつあるが、すでに文章のうえからもその正確さが推定されうる性質であった。しかし尚古主義的な傾向は、かえって見られない(「六国年表」序)。

記述に精彩を発揮する「列伝」は、政治と軍事に関する部分にことに著しいが、「刺客」「佞幸」の伝や民間の任俠《にんきょう》の義行をたたえる「游俠列伝」、庶民の自主的な利殖追求を肯定する「貨殖列伝」などの雑伝によっても、人間の生態をはば広くとらえて、体制意志から自立して自由な眼をもって観察した。ことに、権力者の行為に対してはその動機や心理を鋭く批判するのに反し、過去に埋没しかけた不遇な人物や悲劇の英雄に対してつよい関心を示している。それは伍子胥・李斯・屈原・賈誼・韓信・

周亜夫などの記述にまま現われるが、その文章は時として異常に熱情的となり、個人的感慨が言外に溢れでている。

自叙伝の性格を備える末尾の一篇「太史公自序」は、著作の意図をもあわせ述べた総序にあたる。これによれば、司馬氏の家系は戦国期の武官から出ており、父の談はその「六家之要指」で評定するように、兵法と政術に関係ぶかい漢初の黄老学派の道家思想をたかく尊重している。遷もその影響のもとにあったと考えられ、ようやく漢帝国の国家学の地位をきずいた儒家をも一尊(絶対視)すべき権威と認めるようなことはせず、うえの諸記述をふくめて、これらが、のち揚雄・班彪《はんぴょう》ら儒学系官僚から非難の的となったのである(第11章を参照)。

また著述のしかたは、新興の公羊家春秋学の方法である〝春秋の筆法〟(義例)にならったらしい。

ここで、周《しゅう》王朝以来の、政事記録についてふり返っておこう。『書経』と『春秋』を中心にして述べる。

王者の言辞

王者の公的言辞を〝文字に書写した〟『書《しょ》』は、漢代以降、経書の一つとして「尚《しょう》書《しょ》」と呼ばれ、南宋の経書集成「十三経注疏《ちゅうそ》」と四書・五経の定立に伴い、「書経」の名称をえた。

旧説では、堯・舜から春秋期諸侯までの聖王賢主の言辞や教令を、孔子が整理して百篇にした、という。孔子を始祖と仰ぐ戦国期の儒家たちは、理想とするその王朝観から、この史官記録を『詩《し》』(のちの「詩経《しきょう》」)とともに自家の経典に仕立て、日常の儀礼・礼俗に加えた解釈(礼楽説)とならんで、儒家学説の基本にすえて、その学派の権威の源泉とした。

本書は、秦漢期には一定の編成をおえていたが、現在伝わる五十八篇は、うち三十三篇が秦《しん》の博士伏生《ふくせい》によって伝承されたところの、もと二十八篇目の「今文《きんぶん》尚書」であって、比較的系統だっている。残りの二十五篇は、孔氏旧宅の壁中から発見されたと伝える、世にいう「古文《こぶん》尚書」(隷古《れいこ》定《てい》尚書とも)であるが、実は魏《ぎ》・晋《しん》期に偽作された擬託部分で、そのとき付された注釈とあわせて、「尚書偽孔安国伝」(偽古文尚書)と呼ばれている。

「今文尚書」については、大誥《たいこう》篇以下の五誥(「康誥」「酒誥」「召誥」「洛誥」)を中心とする周王朝の創業期の記録が、盤庚《ばんこう》篇などとともにもっとも古い部分を占め、唐《とう》の韓《かん》愈《ゆ》(七六八―八二四)が「周誥《こう》・殷盤の、佶屈聱牙《きっくつごうが》たる」(「進学解」)としたごとく難解をきわめるが、おなじ史官の記録した周代金《きん》文(青銅器銘文)などと比較し、その文体・内容ともに古代事実をほぼ正確に反映したものであることが、知られる。

これら十篇前後をのぞく諸篇は、戦国期の儒家らによって他学派との対抗上、春秋末期以前の古記録や伝承をふまえて、夏や殷の古代諸王の言辞として編制せられ、さらに堯や舜の典謨《てんぼ》(帝王の政令《みことのり》)をも、より新しい文体によって加上したのは、戦国後半期とされる。かかる、典籍の内容を累層的に豊富にしてゆく述作の形態は、戦国・秦漢期における、各思想学派に共通した現象である。

王者の公的発言を書写した『書』すなわちこの記言《きげん》体の文献は、同じく史官(記録職)の記録であった『春秋』ことにその「左氏伝《さしでん》」の記事《きじ》体と対比させて、六朝《りくちょう》・隋《ずい》唐期には、史書としての歴史記述における両種の基本形式とされた。また篇名にみられる、典謨・訓誥・誓命などの文体は、やはり漢魏以後、古典として荘重なひびきをもつ文章として永く王朝の詔勅や政令の典章とされ、士人層に重視された。

史官の記録

周王朝の政令とともに、〝封建〟城邑国家の貴族領主〝諸侯〟の「大事」(重要事績)は、王公たちの史官がそれぞれ年暦にしたがって公式の記録にとどめた。それらは、『孟子《もうじ》』によれば、晋《しん》では「乗《じょう》」、楚《そ》では「檮杌《とうこつ》」、魯《ろ》では「春秋《しゅんじゅう》」などと呼ばれた(離婁下篇)。同種の記録『竹書紀年《ちくしょきねん》』は、西晋(二七九)に出土した戦国期の魏《ぎ》の年代記である。春秋とは、四季の総称で、年歳を意味するが、戦国末には、年月のもとに事件の内容や経過を記す官府記録を「春秋」と通称した。『墨子《ぼくし》』には、周《しゅう》や燕《えん》・宋《そう》・斉《せい》の「春秋」からの記事を引用している(明鬼下篇)。また、年暦・四時・月日に国家の大事を繫《か》けて記載した編年記録の体裁には、一定の体例が蓄積されていったらしく、『国語《こくご》』には「春秋」が太子用の教材に使用される例がみられる(「楚語上」荘王・「晋語七」悼公)が、これは魯の「春秋」が儒家の経典に編入されたのちの形態を反映するのかも知れない。のち秦漢の交には、年代記ではなく、一般の社会文化事象や伝説を記し、国家事件でなく個人の事績や言行を記したもの、例えば『呂氏《りょし》春秋』『虞氏《ぐし》春秋』『晏子《あんし》春秋』などの書籍の呼称にも用いられた。

現存の『春秋』は、戦国期以降の儒家が編成し、『詩』『書』とともに自家の経典または教本にくわえた魯の年代記である。孟子(孟軻)が、意義を認識した最初の提起者であり、『春秋』に経書としての権威を認めたのは『荀子』にはじまる(勧学篇)。内容は、元来、周公(姫旦《きたん》)の子孫がいまの山東省西部に封建した魯侯の、国家の「史記」(史官の記録)の一部分である。すなわち隠《いん》公元年(前七二二)から二四二年間、哀《あい》公十四年(前四八〇)までの、わずか千八百余条の簡潔で公平な官府の政事記録である。孔子(孔丘、前五五二―前四七九)がこの魯国の「不修春秋」(修正前の原「春秋」)を筆削《ひっさく》したもの(「公羊伝」荘公七年)、とされる。

『春秋』三伝

儒家学団の開祖孔子が原「春秋」の文字を削除―加筆することを通して、みずからの大義、経世の理想である価値基準に照らして、あたかも為政者の地位に立って(素《そ》王《おう》として)その一々の事件に評定を下した、つまり一字褒貶《ほうへん》の方法によって「微言《びげん》大義」を行なった、とする。わずか一字の修正のうちに毀誉褒貶の意義、すなわち史実に対する価値判断を託すいわゆる「春秋の筆法」は、孔子の大義をふまえて、文辞の厳格な用法のもとに事績が表現されている、と考えられた。換言すれば、儒家にとっての「春秋」は、治政事績の簡単な官修記録を修正するうえでの、設定されたであろう体例、すなわち書法(文辞の表現法)上の諸規則《ルール》を、その記録方式の前提として認識しながら、その体例から演繹して得られる褒貶の評価を読みとることによって、隠微な表現をとる聖賢の大義—王道（経世の理想）をうかがいうるところの、経典であった。『春秋』経はまさに「人道浹《あまね》く、王道備《そな》わり」「万物の散聚《あつまり》、皆な『春秋』に在り」（『史記』太史公自序）と評されるゆえんである。

このため、この体例にもとづく『春秋』解釈が儒家のあいだで戦国末・漢初期に盛んとなり、前漢景帝の胡毋生《こぶせい》によって整理されて竹帛に載せられつまり書籍の形態をそなえたが、これが董仲舒《とうちゅうじょ》以後さかんに政術に活用された『公羊伝《くようでん》』（公羊春秋）を中心とする公羊家春秋学である（第9章を参照）。

措辞と用字を極端なまでに追究するこの体例主義の書法は、後世の歴史編述に際しても活かされ、史伝の文辞についての厳格な書法によって政教上の評価が託しえられるものとして、修史者の念頭を支配しつづけた。南宋、朱熹《しゅき》（一一三〇—一二〇〇）の『通《つ》鑑《がん》綱目』は、その顕著な一例である。

一方、官修の事績記録とは別に、ある地方ある集団のあいだに伝誦された諸種の実話や伝説が、戦国期の社会進展につれて、しだいに潤色され整理されていった。のちの『春秋左《さ》氏《し》伝』や『国語』の編成にむかって提供された、春秋期諸国の史伝としての基礎資料や、古く瞽矇《こもう》によって口誦された内容と考えられるものも、多くこの類型の記録であった。

現在の『左氏伝』は、『春秋』経《けい》の〝伝《でん》〟にあたる。伝とは、一学団の奉ずる経典に訓詁解釈を加えつつその教義を師資《しじ》伝授する意で、秦漢の交から徐々に文籍のかたちをとって出現した。かの『周易』の十翼や「毛詩《もうし》故《こ》訓伝《くんでん》」などが、その典型であるが、『公羊伝』『穀梁《こくりょう》伝』も「春秋伝」として、前漢後期の当時、国家公認の経書解説であった。それに対抗する勢力が、前漢末期にいたって、孔子と同時代の左丘明《さきゅうめい》というものの「春秋伝」として編成されたものが、『左氏伝』である（第11章を参照）。しかしこれは、もともと「左氏春秋」といわれた戦国期に集められた史話・説話集を資料にしている。「春秋」の筆法にも注意を払いながら、文辞の表現（「空言」）の追跡よりも往行の成事（「行事《こうじ》」、過去の事実）を叙述することに重点がおかれた解説（「伝」）であった。春秋期の政治上の人物を個性あざやかに描きだし、複雑な事件にも原因と顚末をつけて曲折に富んだ文章を展開する。戦争の記述はとくに生彩を放ち、いわゆる「春秋」五大戦といった会戦の描写は、この『左伝』が話術たくみな〝語り物〟を背景に発達した口誦文芸にもとづくことを想像させる。予言や占夢など神怪な話柄を多く織りこんでいるのも、語り物に由来しよう。また往々、「君子言」として儒家的な批評が挿入されているのは、後次の付加部分であり、秦漢期の著述編集の形跡を示している。

また、左丘明が『左伝』を制作したあとの残存部分とされる『国語《こくご》』は、「春秋外《がい》伝《でん》」といわれたが、これも『左伝』と原資料を共通にした内容で、周王朝と七諸侯の国別に編成され、うち「晋語」がその半分を占める。おなじく語り物に淵源をもつこの書は、「記言」(言論の記述)にたけ、大部分が対話や諫辞《かんじ》で満たされ、呉越《ごえつ》の争覇の記事のように説得力のつよさがそこに見られる。

空言と行事

さて、はじめにたち返って、〝春秋の筆法〟をふまえたという『史記』は、現帝国の尊厳を証明するための公羊家春秋学ふうの大漢主義に共鳴したのではなく、むしろ古代王治の理想を明らめて一定の価値規準のもとに実際の諸事象に判定をくだすところの、史実への批判者の立場に立つ。年代記『春秋』が同時に素王孔子の刪定をへた人倫・治政の教書である点に注目したのである。「〝空言〟(哲理的な発言)に託して社会理念を説くよりも〝行事《こうじ》〟(往行の具体的な事件)のなかに顕現する人類の営為を指摘することのほうが、より深刻で切実に人間生活の指針となしうる。」この有名な古聖の言を引くことによって、『史記』は歴史書にしてかつ倫理・政治の書の性格が賦与される。人間のあるべき姿は、知らずしらずに陥る事件すなわち〝行事〟のなかにこそ見てとることができる、とした。また『左伝』の「君子言」にならったといわれる「太史公曰《いわ》く」の論賛は、そのあからさまな論評であり、後世の修史家の重視する体例となった。

『史記』は、『尚書』や『春秋』(「公羊伝」)などの儒家文献のほか「左氏春秋」(のちの『左氏伝』)「世本《せほん》」「戦国策《せんごくさく》」(原本)が十分利用された。秦漢の交の書物、たとえば陸賈の『楚漢春秋』なども、先秦諸子の文献とともに、遷によって読まれたと思われる。また、先人からの多くの伝聞や中国の半ば近い地域の旅行見聞も、史実の記述を確実なものにしている。さらにその巧妙な叙述構想《プロット》の、緻密にして雄大なことと、描写場面に躍動する想像力の豊かさである。〝鴻門の会〟(「項羽本紀」)、〝傲骨の侯嬴《こうえい》と朱亥《しゅがい》〟(「信陵君列伝」)など、遷の筆によって後世に伝わった名文である。虚構《フィクション》を設定して事態の真実を瞬時に伝えようとする小説的技法を準備した。これは、紀伝体の創始者としてその著述の目的が、歴史現実に果たす人間の典型を描きることに、より大きい比重を占めたこととかかわりあっている。

『史記』は、前九一年ごろ草稿が成ったと思われ、間もなく数篇の残欠部分が生じ、それに併行して褚少孫《ちょしょうそん》らによって前漢末期あたりまで記事が補続されている。当初は、太史令（談・遷父子の官位）の尊称を書名として「太史公」「太史公記」とよばれたが、後漢末から現行の『史記』の名称におちついた。

9　黄老思想と董仲舒

漢民族は、戦国末期の全面動乱をへて、秦始皇《しんしこう》による統一をなし遂げたあと、ふたたび楚漢《そかん》抗争と漢初の呉楚七国の乱を経験し、前漢の武帝にいたってようやく名実かね備えた統一国家の実現をみた。

その間に起伏した思想家たちは、既述のごとく統一帝国のためにそれぞれ多様な設計図を準備したが、そこには二つの動向がみられる。一つには、自己の所信に反する思潮を罵倒する荀子の主張や、富強策にうとい学術を無用として弾圧する商鞅・韓非の提唱をうけたところの、李斯の政策のように、いっさい不純分子を排除し、同質の手法を強制して統一の完成を目ざしたもの。二つには、これと逆にむしろ多様を折衷し混一して目的を遂げようとするものである。

後者は、のちに百家九流の「雑家」に属する『呂氏春秋《りょししゅんじゅう》』と『淮南子《えなんじ》』にその典型がみとめられる。

『呂氏春秋』

秦の相国《しょうこく》(最高顧問)呂不韋《りょふい》(?—前二三五)によって、その門客たちの論説を独自に監輯し、「八覧・六論・十二紀」の二十六巻にまとめた。

構成は、「十二紀」では巻首の月令(毎月の政令)ごとに四時の春生・夏長・秋収・冬蔵に適した六十篇を配列し、「八覧・六論」百篇には、陰陽・道・法・儒・墨・農など諸子の思想を折衷して〝人主〟の治政の方法を雑集する。「十二紀」の末に付した「序意」によると、宇宙の秩序〝順《よどみなさ》〟・大地の存在〝固《たしかさ》〟・人間どうしの〝信〟義を、偏私することなく公正に審験し、天地の気数(自然法則)に順応するときは、国家の「治乱存亡を紀《おさ》め」人間の「寿夭《じゅよう》吉凶を知《わきま》え」うる。かの陰陽家の則天主義(時令思想)と道家の〝無為〟因循を合致させた君主政治のあり方を説く。

そして、天下を統一すべき君主は、周《しゅう》王朝の火徳に代わる水徳の天子であり、天地六合《りくごう》の内にある万物を安利にみちびく責務をおびる。まず万物の中核たる性(本性)の固然に因循し、誠心をもって人民・万物の生命を重んずること(「貴生全性」)。そのためには人力・物力を傾け、義兵によって諸方の暴君らを平定し、勢威を握って君臣・父子・夫婦の分(「十際」五倫)を定める。陰陽五行・道家思想に兵家・法家・儒家の総合が企てられる。

また平生の心術としては、性命(寿命と天賦の本性)の情に通じ、〝正静・清明・虚・無為〟の境地に身をおき、無声に聞き無形に見つつ本質を把捉するように努める。人材を観察し賢能を採用し、民衆には愛利と威厳をもって法令の徹底を図り、時勢の変化に応じて主導的に政策を更改すること(「変法因時」)。ここには道法両術を折衷した〝黄老《こうろう》〟系の治民思想がうかがえる。

さらに、墨家の相貌を伝える諸篇(当染・節葬・高義・愛類などの諸篇)、方技(医術)や形法(観相術)の内容など(尽数・達鬱・観表の諸篇)も残している。

先秦思想のかかる多様さの統合は、非情の現実政治のまえには皮相の混成としか映らず、この雑多を抱容する呂不韋方式の発想は、李斯的計画に拒否されて、時代は短促に秦漢古代帝国の成立へと巨歩を進めた。

黄老思想

前漢初期の風尚は、第4章の末尾に述べた〝黄老〟とよばれる政術であり、それに併行した刑名思想であった。ともに法治路線でありながら、斉《せい》の楽巨《がくきょ》公や蓋《こう》公から拡められて曹参《そうさん》(?—前一九〇)・汲黯《きゅうあん》(?—前一一二)・田叔《でんしゅく》ら政治家に代表された前者の治政の言動は、漢律を遵守しつつも他方で、法律外の人情の機微を『老子』系の道術、つまり虚無（「虚静無為」）の心術で対処しようとした。

その主張は、近来出土した当時の文献（『経法』『十六経』『称』『道原』）や『管子《かんし》』『鶡《かっ》冠子《かんし》』などから解明されるが、普遍の理法としての道が存し、法は道を法源として社会に現示される。法の安定性は、道のもつ称《しょう》（平衡《バランス》）を得て、あるがままの刑名《けいめい》（実情と名目とを参験して評定する）にしたがうところに生ずる。人間は、この道の理（客観法則）に因循（随順）し、公平無私の〝虚心〟に立てば、法を媒体として「天極《きょく》を尽くし、天当《とう》を用いる」ことができ、天地自然の秩序に人事を合致させうる。実際の裁判や行政には、この天地〝神明〟に通ずる判断を下すことができる、とする天人相関的な考えが、この道法折衷の思想を特徴づける。金谷治氏によれば、これは第6章にも述べた慎到《しんとう》の政治思想の流れを汲むものであり、斉《せい》の稷下《しょくか》の学とも関連づけられる。

一方、申商刑名の学、すなわち法家直系の思想を政策上で推進したのは、鼂錯《ちょうそ》（?―前一五四）である。賈誼《かぎ》（前二〇〇―前一六八）とも共通する、対外防衛策を兼ねた重本抑末（本・末は、農産と商業）の民生安定策を建言して実行に移し、また中央集権の強化をはかる王侯国抑制の政策をとった。郡国体制下の劉漢国家は、郡県のそとに独立する強大な分封領主の勢力をそぎ取るべく削藩策（分封の国土の削減）の採用を提案した。

呉楚七国の乱(前一五四)に際し、彼はその犠牲となったが、武帝の「推恩の令」はこの政策の延長であった。

『淮南子』

のちに中央政権によって消滅させられる王国の一つから、諸子百家の終焉を飾る「雑家」の書が残された。劉安《りゅうあん》(前一七九—前一二二)を中心に、その王国内で作成された。

劉安は、漢の高祖(劉邦)の庶子にあたる淮南厲王《わいなんれいおう》劉長《りゅうちょう》の子、景帝のいとこである。劉安の支配した淮南国は、秦漢帝国の統一政権に完全には一度も統治されることのなかった、戦国期以来の広大な独立王国であった。

荆楚《けいそ》の地の旧文化を独自に保守する淮河《わいが》流域を支配し繁栄を誇った。文人や任俠《にんきょう》の士は、帝国体制をのがれてこの地に参集し、国王は彼ら「賓客方術の士、数千人」を歓迎した。時の推移は、さきの強幹弱枝策をとった漢帝国にとってその動向を容認しがたいものにし、強権はついにはこの特殊地域を滅ぼした。その理由は、父の淮南王とおなじく謀反《むほん》であったが、剛骾《ごうこう》の父王には似ず、子の王はじつに優柔の文才であった。

『淮南子』は、一、二の得意な技芸と思想を携えて会集した博学好思の文人・方士が企画し、貪欲な知識を雑揉した叢編に仕立てられた。いわば選別し筆削することを惜しむかのように、国王の意思をそのままに映し出し、果断の文気はさらに無い。強力な統一帝国の構築に刺激されて、地方政権にもそれなりの支配原理が要請されたであろう。しかし漢賦の名手の王のもとに残された二十一篇のこの書は、儒家六芸の書、とりわけ公羊《くよう》春秋系の、厳格な書法とその時用的な権変の理論には、すでに対抗できる筋あいのものではなかった。

二十一篇の巻頭におかれた「原道・俶真《しゅくしん》」両篇は、根本実在の〝道〟について主として『老子』の道を拡張するかたちで表現と論旨をふかめ、相対世界の個別具象のかなたにある〝真〟(実在)を主として『荘子』に関連させて説く。ついで「天文・地形・時則」の三篇では、天人相関の陰陽思想にもとづく宇宙構造と地上の生成・変化のありさま、時節のきまり、を述べる。

また法家・儒家の思想をまじえ、儒家経典を引く「本経」や「主術」、末尾にちかい「脩務《しゅうむ》・泰族《たいぞく》」の諸篇も、また『子思子』との関連がみられる「繆称《びゅうしょう》」篇も、荀《じゅん》子《し》以降におこった礼法秩序や功利の効用をうけいれつつ、道家思想を基調《ベース》にして統合をはかろうとしている。すなわち自然や外界の情況変化に因循すべしとする死生観や禍福思想を特色とし、〝無為清静〟をキーノートとする政治思想・戦略論(兵家思想)が採用されている。

総括の「要略」篇によると、万物の存在原理である道のはたらきと、現実に生起する事との関係を明らめること、つまり「天地の理は究《きわ》まり、人間《じんかん》の事は接《あまね》く、帝王の道は備《そな》わる」ところの宇宙・社会・政治の真相を尽くす書として、論弁の多様と変相を重複をいとわず盛りこんでいる。文王の「太公の謀《はかりごと》」(〝黄老〟系政略論)、孔子の「儒者の学」(礼教思想)、墨子の「節財薄葬」の風(社会風潮)、斉桓公《かんこう》の「管子の書」(経済思想)、斉景公《けいこう》時代の「晏子《あんし》の諫《いさめ》」(君臣関係論)、戦国期の「縦横《しょうおう》長短」(外交権謀術)、申子(申不害)らの「刑名の書」(臣下統御法)、秦の「商鞅の法」、そしてここに「劉氏の書」すなわち『淮南子』が出現して「天下を統べ万物を理《おさ》めて、変化に応じ殊類《しゅるい》に通ずる」理論・事例を兼備するものとなった、と。

諸子百家の思潮が、道家を軸に統合されてできた折衷思想の一帰結をしめす点で、劉漢中央政権が推しすすめた儒家の教説による思想統一の立場に対抗する内容をもつ。

さて、中央集権的な漢帝国は、儒教を唯一の正統思想として承認した。諸子百家は退けられ、国教として儒家の教義に権威が加わった。董仲舒《とうちゅうじょ》(前一七六?—前一〇四?)の「対策《たいさく》」が直接の動機となった。

そこで、董仲舒を紹介しよう。

董仲舒

広川《こうせん》国広川(いまの河北省呉橋県)に生まれた。若くして「公羊《くよう》春秋」を修め、景帝の時、胡毋生とともに斉《せい》地方の春秋学を代表して博士となった。講述には帷《とばり》を下ろして深居し、少数の門下に秘伝したので、師の面貌を知らない再伝の弟子が多かったうえに、三年間も自宅の庭をのぞき見もしない、と伝えられたほど非公開の学術に専念した。日常の作法にも、礼容を崩すことがなかったという。

武帝の即位の年(景帝三年=前一四一)に、賢良・文学などの資格ある人材を百名以上推挙させたが、彼は賢良として策問(天子の諮問)に答申する機会をえた。これが彼の有名な賢良対策(策問への答案)三種である。これが認められて、江都国(のちの広陵国)の国相となり、広陵(いまの江蘇省揚州市)に赴任、江都易《えき》王(劉非、前一五四—前一二七在位)に仕えた。武帝の兄で驕勇を好んだ易王を礼義をもって徳化し、かえって敬重された。

彼の政術は、儒家の仁義・礼制を重視する文化思想にのっとり、法刑や詐術による武断的制覇を排して、王覇の道をはっきり区別した。とくに彼の創説としては、宇宙の秩序の根元を形而上学的〝天〟に求める則天主義を徹底させ、自然の現象が、この有意志の天の支配下にある陰陽二気の交錯によって起こり、社会現象、ことに君主政治は、天意のもとにある自然の変化に同類感応するという、かの天人感応理論をつらぬいたことである。この休祥災異の陰陽五行思想を応用して、現実の治政や疑獄などの時務を裁いた。

前一三六年(建元五年)の殿廟の二火災に、『春秋』の災異記事を使用して、統治行為の過失に「天」が自然災害をくだし、君主を譴責《けんせき》し警告を発するという天人相関の災異説を私的に適用したことが、主父偃《しゅほえん》らに誣《し》いられて死罪の危険にさらされたことがある。以後はその災異説を公言しなかったという。しかしその内容は、のちの淮南衡《こう》山《ざん》王の謀反(前一二二)を予告したものとして、武帝みずから春秋公羊家の義法(体例を重視する一種の演繹法)に大いに信頼をよせる結果となった。

当時すでに、竇嬰《とうえい》(魏其《ぎき》侯)・田蚡《でんぷん》(武安侯)があい継いで丞相となって儒家を保護し、一方で世相を機敏に察して、『春秋』の義法を操る経術に法術をもまじえて、たくみに政務を操った公孫弘《こうそんこう》のごとき顕官も出て、俄然〝禄利の路〟(仕官コース)が儒家の徒のまえに開かれたのである。

功利を追う儒術に背を向けた董仲舒らは、世事にたけた公孫弘を従諛《へつらい》と卑しんだが、公卿《こうけい》の公孫氏に排斥されて、易王とおなじく武帝の放埒な長兄、膠西于《う》王（劉端、前一五四—前一〇八在位）のもとに国相を兼任させられた。于王は、漢の法律に違犯をかさね、二千石《ぜき》（高官）を多く殺傷した豪猾であるが、仲舒の大儒ぶりを知って厚遇した。彼は任期中の不慮を怖れて疾病を口実にほどなく辞任したが、二国にわたる驕恣な諸侯王に仕え、よく一身を正して部下を導き、諫争して劉漢中央政府の法令を施工させた。

退官後、家居したが、家業を見ずにその生涯を研究と著述に傾注し、彼は寿命を全うした。朝廷では、重大な議題のたびに廷尉（司法長官）張湯《ちょうとう》らから使者を立て、私宅に裁決方法を問わせている。「公羊董仲舒治獄十六篇」（『後漢書』応劭伝には「春秋決獄二百三十二事」）は、そのような際の、『春秋』の義法を漢法に適用させた判決例の集成であろう。

武帝が、諸子百家（名家・法家や縦横家）を黜《しりぞ》けて儒家経典にのみ博士官を置き（五経博士）、太学《たいがく》（国立大学）が設置されて秀才・孝廉が州郡から選挙される制度が成立したこと、太初元年（前一〇四）の制度改革は、さきの「対策」や彼を中心とする春秋公羊家の理論にもとづいている。

董仲舒の思想は、『漢書』本伝の「賢良対策」と『春秋繁露《ばんろ》』によって伝えられる。

『春秋繁露』

『春秋繁露』十七巻、八十二篇は、その書名が梁《りょう》の阮孝緒《げんこうしょ》(四七九―五三六)「七録」に初見するため後人偽託の説もあるが、『漢書』本伝に「董仲舒百二十三篇」のほか本書の篇名に当たる「玉杯・竹林」や「蕃露《ばんろ》・清明」など数十篇、十余万言を伝えた、とあり、内容も両漢の際の讖緯《しんい》説を含まないことから、主要部分は前漢後期の董仲舒系の公羊家春秋学説と考えられる。

『春秋』の独創的解釈やひろく儒学理論を説いた諸篇、上奏意見とみられる篇などが、董仲舒の天人相関説を中心に敷述されている。

まず天人相関の陰陽理論は、自然現象と人事とが対応関係にあるとする学説で、これは当時の流行思潮であった陰陽五行説を習合し、人事とくに政事にそれが広く適用され、宇宙秩序の根元〝天〟に随順すべきことを説いた。〝天〟は宇宙の全現象を統御し、人事、ことに君主の統治行為の原理である道もそれにもとづかしめる。ヒトの体軀、人倫道徳や官制(統治機構)を通じてすべて陰陽五行の〝天数〟に照応する。たとえば、ヒトの三百六十の骨骸は周天の三百六十度に当たる、人間の仁義は天の陰陽にあい応ずる。従来の儒家説であった人倫の四徳(仁・義・礼・智)に、天の五行になぞらえて、五徳(木火土金水)の土に該当する信を加え、はじめて五常(仁・義・礼・智・信)を定立させた。また、人事(政事)については、天の陰陽にしたがって陽の徳(恩徳)があるほかに陰にあたる刑(法刑)も備えること、〝徳の輔〟(補助＝陰)としてではあるが、刑の必要性をとなえた。現実の法家官僚を儒家理論のもとに吸収する性格を反映している。

ついで、有名な休祥災異思想である。

〝天〟に有意志の神格をみとめ、人事を主宰する君主の治政は、天子にふさわしく人民を教化・慈育して農耕的自然環境にあわせて民生を安定させて、天意に随順すべし、とする。その統治の過誤つまり民生を害するばあいには、天の陰陽二気に不調和をまねき、自然の災害(旱天・霖雨《ながあめ》など)によって譴告《けんこく》され、怪異(彗星《すいせい》・地震の発生など)によって警懼させられる。なおも無反省のときは、政権の天命を革《あらた》めてその国家を覆滅させる。天意を得て民生を保善するとき、受命の符(験証)として瑞祥《ずいしょう》(紫雲・珍獣の出現など)が現われる。したがって、天意を尊重する郊祭(天の祭祀)が最高の祭祀とされた。

また、従来の五行説を応用し、君主に〝五事〟(貌・言・視・聴・心思)に慎謹であることを要求するが、このような陰陽五行の災異思想によって、『春秋』の災異記事を現実の政務に適用し、儒家の経術つまり経書の政治実践への活用化にのり出したのは、董仲舒のこの主唱に俟《ま》つところが大きい。

春秋学説については、〝三統〟説——天統・地統・人統のおのおのの制度をもつ三王朝が循環交代して支配するとする法則と、〝王魯《ろ》〟説——周《しゅう》王朝に代わるべき新王は魯である(実は、劉漢王朝)とする、その前提で孔子が『春秋』を筆削(修正)したという説、この両説によって、易姓革命を説いた。政治思想としては、〝三世異辞〟説によって「大一統」を主張する。すなわち『春秋』の魯の十二公、二百四十二年間を「所伝聞の世」「所聞の世」「所見の世」に三分し、この三世おのおのによって『春秋』の書法(記録方法)を異にする、その微言を通して「一統を大《とうと》ぶ」つまり、求心的な単一世界国家を希求する目的を段階を追って達成するものとした。いずれも、現実の漢王朝に有利な、絶対君主権の成立を目ざす主張である。

一方、〝五始〟の体例(元年・春・王・正月・公即位)から、君権統治はつねに天意を奉じてそれに随順すべき則天主義のもとにあって、自然現象の発端である「春」の下に「王の正(政事)」がおかれ、さらに最高宇宙の原理「元(天)」の統御をうける。これは、天子の政治責任を〝天〟の権威によって責める災異思想に通じあい、のちに一般化した儒家系官僚の君臣間の役割、つまり諫官ふうの基本教義がそこに見られる。

人倫思想では、〝仁義〟の新解釈として、仁愛は人に施し、義は我を律するもの、〝孝〟を天に従属させて社会的強制力をあたえ、〝礼〟では情欲を抑えて外的規範を強調し、前述のように、五常の徳をまとめあげた。

人性論としては、自然の資質を陰陽〝性情〟に分離し、陽で仁なる性(天賦の本性)と陰で貪なる情(情欲)に二分し、政教による人性の教導を説いている。

10　儒教と経学

第9章で述べたように、前漢の武帝(前一四一―前八七在位)が、董仲舒の献策によって、儒家の教説を基礎に正統教学として国定し、それ以後、清《しん》末までの王朝支配の体制教学となった。

この儒教は、政治・文化の担い手であった士人(官僚・知識層)の主たる思想となり、その歴史・社会の変化に応じて、仏教や道教の教説を受容しつつみずからの教義を豊かにしたが、この儒教思想の史的展開は、とりもなおさず前近代中国の思想史の主流をなす。したがって郡県制帝国統治の王朝体制が克服されていく近代化の過程のなかで、儒教はその思想・文化上の主要な打倒目標となり、批判の対象とされた。

なお儒教は、過去の朝鮮・ベトナム・日本に、その文化形成のなかで深刻な影響をあたえ、とくに朱子《しゅし》学《がく》は、これらの地域の諸政権・政体とむすんで、長期にわたり正統教学の地位を占めてきた。

通常、この学術面を〝儒学〟と称し、教学的性格を示すときはその開祖の名からとって孔子教 Confucianism ともよぶ。

儒教の基本的な教義をここにまとめてみると、一、五倫五常、二、修己治人、三、名分論、四、世俗的権威主義、といえよう。

一、五倫五常　三綱《こう》五倫《りん》の人倫秩序、すなわち君臣・父子・夫婦と兄弟・朋友の、三ないし五組の身分血縁的関係を人と人との間のあるべき状態とし、その家族組織から国家政治体制まで貫くところの具体規定をそなえる。

はやく、戦国期の孟子が古聖の舜《しゅん》の政教として「父子に親あり、君臣に義あり、夫婦に別あり、長幼に叙あり、朋友に信あり」(『孟子』滕文公上篇)を紹介しているが、この人間関係をささえる必要な道徳として、五常――仁・義・礼・智・信が唱えられた。これは、董仲舒がそれ以前の諸徳目を五行《ごぎょう》説に配当し、後漢の『白《びゃ》虎通《っこ》義』にうけつがれて定着した。また六朝《りくちょう》期には、五常を「五典」(『書経』舜典篇)として「父は義、母は慈、兄は友、弟は恭、子は孝」(『春秋左氏伝』文公十八年)と解する説も併用されたが、いずれにもその修得のための、人間論・意識論がなくりかえされて説かれた。

二、修己治人　五常の道徳を修養し(「修己」)、五倫秩序の実現につとめる(「治人」)

ところの不断の教化が、統治層士人つまり〝君子〟の任務である。

孔子は〝礼楽〟文化を先王周公《しゅうこう》たちの政教として祖述したことは、すでに第1章で述べた。〝礼〟は、支配者層氏族内部の階層秩序の規定、つまり「敬天・崇祖」(第2章の〈周代貴族の文化〉を参照)の日常儀礼をともなう父系血縁集団の組織規定であって、その文化はこの祭・政・教一致の礼楽的秩序のうえに栄えた。すなわち祖孫・父子の上下尊卑の人倫秩序を根幹にして〝孝悌〟道徳によって維持しようとする。この古代一致体制の解体期にあたる春秋後期にあらわれた孔子は、孝悌道徳を普遍化させた〝仁〟の徳を実践することを創唱し、かつそれを主軸に礼楽文化の再構をこころみた。

儒教はかくて、〝礼〟の学習と仁徳の修養が「修己」の内容となり、人民大衆への教化主義こそ「治人」政治の眼目となっている。

三、名分論　孔子の正名主義については、第1章で述べたが、当時の〝礼楽〟的貴族領主制の、君臣・父子の身分秩序を乱さず、孝悌道徳の保持を主張した内容であった。

孟子は、新しく編成された『春秋』を孔子の正名(名分)を具現した経典とみて、そこから「名を正して分を定め、情を求めて実を責める」(欧陽脩)君父制を重視する尊王思想を学びとろうとした。以後、人倫道徳と政治世界の君主関係の重視から「春秋《しゅんじゅう》は、名分を道《い》う」(『荘子《そうじ》』天下篇)と評定された。

一方、戦国期の『管子《かんし》』に見える名分思想のように、君主権の強化をはかる申不害・韓非ら法家系の刑名思想が臣下統御術にむかい、〝正名審分〟(『呂氏《りょし》春秋』審分篇)や〝名に循《そ》いて実を責める〟(『淮南子《えなんじ》』主術篇)などの君主・臣僚間の名分思想を秦漢帝国の統治に浸透させた。以上は、すでに第6章の〈法家〉でみた。

董仲舒系の春秋学にあっては、天地陰陽にもとづく〝君臣の義〟としてそれを法家流の政術からきり離して理念化し、綱常倫理に組みいれられた(『春秋繁露』実性・基義などの諸篇)。このように、国家(君主)に忠誠な臣僚を人倫道徳の一方に位置づけるとともに、伝統的な家族集団(家長)への孝悌観念とむすびつける努力がなされた結果、『孝経《こうきょう》』が礼学の一部から独立して、孝悌の国家的規模での展開を示したのである。かくて『春秋』と『孝経』は、国家の教本として普及し、儒教の名分論はこの二経典により代表されることとなった。後漢〝礼教〟国家の、礼教が、君父—臣子と尊尊—親親との間に問題の焦点がおかれるゆえんである。「尊《そん》を尊ぶ」は社会的身分の重視、「親《しん》を親《した》しむ」は親族《みうち》の重視である。

のち宋代に入って、民族国家の危機に際会し、孫復(九九二—一〇五七、『春秋尊王発微《はつび》』)らの春秋学によって尊王攘夷が唱えられるが、これは新儒学の名分論の一展開とみることができる。夏夷《かい》の別を明らかにし、中国の伝統文化を保持する一種の国粋主義であった。

四、世俗的権威主義　以上のもろもろの教義は、政教的文明を包括した聖人の道としての記録「経書」に述べられ、漢代の春秋学と易学《えきがく》が陰陽五行思想や道家・法家の主張をたくみに取捨し摂取し、〝三綱〟的家父長制の観念が拡大して国家的規模に適用され、「易伝」の宇宙論によっても自然と人事を総合解釈することに成功した。この過程で、人道を中心に説く原始儒家思想は、神秘的な天人相関説の色彩を濃くし、漢魏《かんぎ》期の讖緯《しんい》説の流行がこの非合理的傾向を増幅した。しかし一方、一定の〝礼教〟文化を保持するための現実処理の政術としては、つねに国家権力に依存して世俗的権威を帯び、かつ古聖の伝統を背景とした教学的権威を兼ねそなえた。それ以後、士人の思想は「経学」の形式をとって展開した。歴史・社会の進展から〝礼教〟体制の危機が襲うとき、儒教はつねに「経書」解釈の枠をひろげ、仏教・道教などを自己の内部に組み入れて〝礼教〟からの士人の離反を防いだ。

経　学

経《けい》学とは、中国古典の「経書《けいしょ》」、「四書五経」などの解釈をめぐる学術をさしていう。経書は、儒家の捧持した基本文献のことで、単に「経《けい》」ともいう。戦国末・秦漢期の諸子百家のあいだで、儒家をも含めて自家の特定する文献を「経」(『墨子』墨弁、『韓非子』内外儲説の諸篇)・「経言」(『管子』の前九篇)とよび、その解説部分を「説《せつ》」(『墨子』『韓非子』など)・「解《かい》」(『管子』など)・「伝《でん》」(「春秋五伝」「詩故訓《こくん》伝」「易伝」など)・「記《き》」(『儀礼《ぎらい》』『礼記《らいき》』)などと称した。

もと、織り物のたて糸の意味から転じて、儒家の場合、つねのみち——永久不変の原理を提供するところの、人間生活の軌範を十全に備えた教義の典籍とされ、その内容は孔子や周公など古代の理想の祖師や聖賢の述作として、権威づけられた。前漢末期からは、この経書を補うものとして、秦漢期以来の多くの「伝記」「伝説」のほかに、よこ糸を意味する〝緯書《いしょ》〟(第12章を参照)が制作されている。当時、書名としては『孝経《こうきょう》』が早くから著名であるが、道家文献の『老子』などにも「経《けい》伝」「経《けい》説」があった(『漢書』芸文志)。

儒家の〝経〟典は、『荀子』にみえる「礼・楽《がく》、詩・書、春秋」の五種が古く(勧学篇)、漢初に成立した『荘子』天運篇に「孔子が、詩・書、礼・楽、易《えき》・春秋の六経《りくけい》を治め」とあって〝六経《りくけい》〟と称し、同時代の賈誼《かぎ》が『新書』でこれを〝六芸《りくげい》〟と言いかえている(六術篇)。

前漢、武帝期に、国家教学として学官に五経博士《ごきょう》が置かれ、儒家がそれを独占する前後から、六経の教義は政術に応用される国家学〝六芸〟の位置を占め、『論語』『孝経』がこれに準ずる扱いをうけるようになった。『荘子』天下篇・『新書』道徳説篇や『史記』滑稽列伝・太史公自序・『淮南子』泰族篇・『礼記』経解篇などには、六経それぞれの道術・道芸としてのあり方、つまり政治原論「経書」の効用を記しとどめる。「温柔敦厚は『詩』の教えなり、……属辞比事《しょくじ》は『春秋』の教えなり」(『礼記』経解篇)のように。

六芸となった経書は、経術・経芸として治政に活用され、「伝記」「伝説」をともなったこの実際の運用を「経学」ともよんだ(『漢書』兒寛伝《げいかん》)。ことに陰陽五行の災異理論を説いた董仲舒系『春秋』の術芸は、国事の当否を判断し国家の基本政策にふかくかかわり、他の経書の応用をも刺激した。

かくて、一、二の専門の経書をマスターして師承を重んずる学官(博士官)は、両漢期を通じて当用の政術・政芸をあらそい、休祥災異・神仙思想のために図讖《としん》(予言説)・緯書をも採入して、それぞれの経説を展開した。世にいう今文学《きんぶん》である。この、当時通行の隷書《れいしょ》——今文をもって書写されたテキストを用いる博士官とはべつに、古文《こぶん》——戦国期の篆書《てんしょ》や籀文《ちゅうぶん》などの字体のテキストを使用する学術も、前漢末期におこった。いわゆる「古学」であって、「経伝」の訓詁解釈にすぐれ、各経書の今古文にわたる比較研究を促し、漢魏期の「注」—故訓・校注をのこしている。後漢末の鄭玄《じょうげん》（一二七—二〇〇）にいたって、経書の総合解釈の段階に達し、当面する治政のための術芸をこえて、永遠の政教理念を説く学術へとむかった（第13章を参照）。

六朝期には、礼学（三礼《らい》の学）を軸に貴族社会をささえた礼教にかんする議論をよび、漢魏期の「経注」「伝注」を敷衍して再解釈をほどこす「集解《しっかい》」「音義《おんぎ》」「義疏《ぎそ》」が盛行したが、とくに義疏の学は漢訳仏典の論義の影響をうけた討論形式をとり、また教相判釈《きょうそうはんじゃく》のように分析的に解釈をほどこしている。その対象は、七経・九経・十二経などを数えるが、隋《ずい》初に成った音義の集成『経典釈文《しゃくもん》』には、三経《けい》（「周易《えき》」「尚書《しょうしょ》」「毛詩《もうし》」）・三礼《らい》（「周礼《しゅらい》」「儀礼《ぎらい》」「礼記《らいき》」）と春秋三伝（「左氏」「公羊《くよう》」「穀梁《こくりょう》」）に「論語・孝経」と古典語の字書「爾雅《じが》」を加えた十二経と、別に三玄《げん》の書「老子・荘子」を配して十四種を収める。

三百年にわたる経書解釈の蓄積の結果、唐《とう》初の〝科挙〟（官吏登用試験）からその課目に経学が課せられ、その標準解釈として勅撰の『五経正義《せいぎ》』が「定本」（標準テキスト）

ともに編成された。そのテキストの公認には、後漢の熹《き》平石経《へいせっけい》、魏の正始《せいし》(三体)石経のほか、十二経を校定した唐の開成石経《かいせい》などが有名である。

なお、六朝期には、『易』が道家の経典『老子』『荘子』と組んで〝三玄〟の学として尊崇され、ならびに仏教の流行や道教の成立にともなって、それらの宗教教義の典籍も「経《きょう》」とよばれた。とくに李唐の玄宗期には、六朝以来の「老子道徳経」とならんで「荘子・文《ぶん》子・列《れっ》子」などをそれぞれ〝南華《なんげ》・通玄・沖虚〟の「真経《しんぎょう》」と尊称した。

唐宋の間には、「五経」以外の諸経書にも義疏が作られたが、この「注疏《ちゅうそ》」の学にはすでに創造的な思想活動は衰退し、北宋《ほくそう》の神宗期に『孟子』が昇格して十二経に加えられ、古注《こちゅう》系の標準解釈の叢書『十三経《ぎょう》注疏』が完成する時期は、これらに代わって興った新儒学—宋《そう》学の活動期でもあった。以下、その大まかな概観である。

新儒学

宋代(十世紀)以降、隋唐貴族制の解体に代わって〝科挙〟を足場に新興階級が官人支配層として登場してくると、統一王朝の国内・国際的な、政治・経済上の緊張状態のなかで、国家主義的な名分論や正統論が唱道され、仏教・道教の流行による儒教じたいの思想的危機感から、道義心を養い古聖の道を主体的に体得しようとする新儒学が生まれた。

起源をたどれば老荘思想や華厳《けごん》・禅《ぜん》学の仏教理念に影響をうけた新儒学は、この新興の士大夫官人層によって、道統・宇宙観・人性論など従来の経学とは次元を異にする「理気論」「性理学」が唱えられ、また経世済民の実学が説かれた。それは、〝三綱五倫〟と〝五常〟とを理(「天理」)と宣言し、気《い》による万物(自然とヒト)の差異を説き、家父長制的〝礼教〟体制を〝理気〟概念によって体系づけ、洗練された天人合一思想を内容とする朱子《しゅし》学となって完成した。

この新儒学の展開過程で、旧来の経書への自由解釈や文献批判があらわれ、他方で歴史学・自然学や名物《めいぶつ》・金石を対象とする実証的な学術を生んだ。さらに、程子《ていし》(程顥《こう》・程頤《い》)や司馬光《しばこう》が「中庸・大学」の二篇を『礼記』(四十九篇)から独立させて「論語・孟子」と組み合わせて「四書《ししょ》」として尊奉し、南宋の朱熹(一一三〇―一二〇〇)がみずからの哲理にもとづく「章句・集注《しっちゅう》」を作って「五経」(「易経」「書経」「詩経」「礼記」「春秋左氏伝」)に導入するための必読書《ヴァディメークム》と規定した。

「四書」は、かくて程朱学にとって、在野の聖賢の議論を交わした政教論集であり、かつ天下統治の方策を各個の士人の責任と自発性において修得すべきもの、と解釈した。そこには〝礼教〟体制下の士人が君臣倫理のなかで相対的自立性を強めつつ、積極主体的に〝礼教〟イデオローグとして果たすべき政治・社会の状況が反映されており、朱子学が正統教学に帰した理由でもある。

元明《げんみん》期を通じて、朱子の四書注釈が〝科挙〟に課せられ、この新注《しんちゅう》による勅撰の『四書大全《たいぜん》』が著わされて、いっそう古注系の経学は軽視されるに至った。

明清《みんしん》期に体制思想を圧した朱子学は、封建秩序の内部矛盾の増大から、その補強として陽明《ようめい》学が登場する。一方、その陽明左派の李贄《りし》(一五二七—一六〇二)らは、当時の活発な商工業に従事する郷紳《きょうしん》層を背景に〝礼教〟体制の欺瞞性を衝き、欲望肯定の〝童心〟説を唱えて儒教批判に及んでいる。

他方、社会の動揺に対処して党派的に政争を挑んだ東林《とうりん》学派(東林党・復社など)は、中央集権体制の批判、学術的な調査活動の必要を説き、彼らの経世致用《ちよう》のための実学《じつがく》の提唱は、明《みん》朝の滅亡—異民族支配の現実のまえに、つよい民族意識を伴って支持された。それは、黄宗羲《こうそうぎ》(一六一〇—九五)・顧炎武《こえんぶ》(一六一三—八二)・王夫之《おうふうし》(一六一九—九二)らによって代表される。

考証学

かくて史的実証をモットーに博学と実践を重んずる経学・史学が、十七世紀の中国をおおうのである。しかし、清《しん》朝の文化政策によって、その経世面の実学思想や反満《まん》感情は抑圧されて、客観主義的な〝実事求是《きゅうぜ》〟の側面がのびて、十八世紀中国を彩《いろど》る乾隆・嘉慶(一七三六—一八二〇)の学、考証学が開花した。

考拠《こうきょ》の学・樸《ぼく》学と自称した、経書を中心とするこの古典学は、宋明《みん》の理学・心学の、主観唯心的な学風を排し、遡って古聖により近い時代の学業とおもわれた漢魏期の「伝注」や六朝期の「注疏」を尊重したので、清朝漢学ともよばれる。

経学を主軸とした顧炎武の浙西《せっせい》学派は、閻若璩《えんじゃくきょ》・胡渭《こい》らの経書(『書経』『易経』)への文献批判を通じて、宋学の拠りどころを覆す方法を樹立した。全盛期には、漢儒の学芸を信奉した恵棟《けいとう》・江声《こうせい》ら呉《ご》派(蘇州学派)のもとに、銭大昕《せんたいきん》・王鳴盛《おうめいせい》や汪中《おうちゅう》などを輩出。ついで戴震《たいしん》の皖《かん》派(安徽《あんき》学派)から段玉裁《だんぎょくさい》と王念孫《おうねんそん》・引之《いんし》父子が現われて、小学《しょうがく》(古典語学)の知識を活用し、古典解釈を深めた。経学は〝目録・輯佚《しゅういつ》・校勘《こうかん》〟を基礎学とする文献批判と言語考証の近代古典学へと次第に変貌を遂げてゆく。

また、黄宗羲が道を拓いた史学は、万斯《ばんし》同《どう》・全祖《ぜんそ》望《ぼう》から邵晋涵《しょうしんかん》・章学誠《しょうがくせい》にいたる浙東学派にその特色が発揮され、また姚際恒《ようさいこう》や崔述《さいじゅつ》らの古史批判は後世の近代歴史学に大きい影響を及ぼした。これらの学風は、アヘン戦争後、公羊《くよう》学派の時務論のまえに退潮を余儀なくされるが、皖派系の兪樾《ゆえつ》・章炳麟《しょうへいりん》や、孫詒譲《そんいじょう》・王国維《おうこくい》らによってその精髄は継承され、近代中国の古典学〝国学〟の基盤を築いた。

儒教の衰退

もっとも、その間、〝科挙〟の存続したかぎりは(一九〇五廃止)、士人の基礎教養と体制教学は、新儒学―朱子学に変わりはなかったが、経書そのものは、〝礼教〟世界の急速な行きづまりを見せるなかで、〝諸子〟文献のなかに列してその権威を相対化させる結果を招いた。そして、本格的な儒教否定は、近代の幕開けとしての、農民運動としてのキリスト教に依拠した太平天国運動の思想であった。

二十世紀を迎える時期には、士人層みずからのなかから変法派(改良主義思想家)と革命派とが、それぞれ経書批判をともなって儒教批判を展開させ、経書の教義と士人知識層の教養との原則的一致をもとめた旧体制の崩壊するにつれ、経書の権威もとうぜん失墜していった。儒教の完全な克服には、辛亥《しんがい》革命(一九一一)後の五四文化革命の〝孔家店《こうかてん》打倒〟をへて、現実を変革する人民解放の革命運動による体制変革を必要とした。

ただし、経書を対象として行なわれた通代の解釈や刻明な研究の業績は、とりもなおさず中国知識人の学術のあり方を伝え、その方法をはぐくんだ足跡である。これら経学が各時代の文化の様相をこまやかに反映している事実をみるとき、それらを通して中国思想・文化史をたどり、その思想・文化の特長を探るうえでの、現在なお重視されるべき遺産と考えられる。

11　漢家の復興

中国思想史のうえで、後漢の礼教国家が果たす意義について、従来まとまった叙述が稀であった。それは、個々の学術・思想についての検討と評価が、なお不十分であったことと関連する。

ここでは、前漢末期から新《しん》(王莽政権、後八―二三)をあいだにはさんで、劉氏の漢家を再興(「後漢」)する事業にも関係し、後世の学術文化に大きく影響をおよぼした、重要な人物をとりあげてその業績を紹介しておこう。

まず、劉向《りゅうきょう》(前七七―前六)・劉歆《りゅうきん》(前五三?―後二三)父子について記し、あわせて後漢前期の班《はん》氏一族について、その活動のあらましを述べる。

劉向

劉向の本名は、更生《こうせい》。字《あざな》は、子政《しせい》。前漢の高祖(劉邦)の異母弟、楚《そ》王劉交(元王)の五世の孫にあたる。十二歳で、父任《ふにん》の郎官となり、弱冠で諫《かん》大夫に起用されたが、黄老の政術をとる父の劉徳に反して、神仙・方術を用いた宣《せん》帝に淮南王劉安（『淮南子』の編者）の旧蔵という「鴻宝苑秘書《こうほうえんびしょ》」を献じて、錬金事件をおこして下獄した。死罪を免かれてのち、甘露三年（前五一）、宮廷蔵書館である石渠閣《せききょ》（長安の未央《びおう》宮の北）での「五経」にかんする議奏《ぎそう》（学術討議）に「穀梁《こくりょう》春秋」を講論して、宣帝の法家好みにかない、郎中から諫大夫に復した。

元帝の初め（前四八）、九卿《けい》の一つの宗正《そうせい》（皇帝の宗室の管理職）に抜擢されたが、外戚許《きょ》氏や史《し》氏や法術系の宦官弘恭《こうきょう》・石顕《せきけん》の排除を儒家官僚の蕭望之《しょうぼうし》らと謀り、翌年かえって獄に繋《つな》がれて免官。それに前後して、天変地異をとりあげ、暴政への天の警告であるとして弾劾文をしばしば奏上して漢家の強化を説き、追放後は「疾讒《しつざん》（讒言をにくむ）」など八篇を著わして同輩の死を悼んだ。

十数年後、成帝の即位（前三三）に及んで、向《きょう》と改名し、中郎に復し、光禄《こうろく》大夫に進んだ。石顕らの失脚後それに代わった外戚の大将軍王鳳《おうほう》（王莽《もう》の伯父《おじ》）の専権をにくみ、学術に専念し、経伝の研究と天体の観測によって陰陽五行による休祥災異説をきわめ、上古から秦漢に至るまでの符瑞《ふずい》と災異の記録を集成して『洪範《こうはん》五行伝論』十一篇を完成させて、政情を諷刺した。それは、現天子である皇帝の治政が、自然界に反映して、その善悪に応じて天が祥瑞（吉兆）・譴告《けんこく》（自然災害）を下すとする、神秘的に政権を粉飾する教義に支えられていた。劉氏一族の安危を憂えた彼の多くの封事《ふうじ》（機密文書）とともに、彼の政論を代表するものである。

また当時の后妃たちの奢侈《しゃし》を諫《いさ》めるため、歴代の賢貞の婦人や愛妾たちの行状を集め、『列女伝』八篇を著わしたが、のちに曹大家《そうだいこ》（班昭）の注釈をえて普及をみた。さらに経典以外の、当時に伝わった秦漢の書籍から、遺聞逸事を採録して、人君を教誡する目的で、『新序』三十巻、『説苑《ぜいえん》』二十巻を編んだ。当時の儒学思想の立場から君王の道を説くこの二書は、現存の文献に見えない異説や佚亡《いつぼう》した原書の内容を断片ながら今に伝える。

「七略」と劉歆

劉向が後世に残した最大の業績は、河平三年（前二六）に始まる宮廷図書である中秘《ちゅうひ》書《しょ》の領校である。成帝が陳農《ちんのう》らに集めさせた先秦以来の古今の書籍を六分類して、劉向が経《けい》伝・諸子・詩賦の三部門を、歩兵校尉任宏《じんこう》が兵書を、太史令尹咸《いんかん》（尹更始の子）が数術（天文・暦数・占卜）を、侍医李柱国《りちゅうこく》が方技（医術）を、それぞれ分担して、二種以上のテキストを校訂して内容を整理し、篇目を立てた。一書ごとに篇目と要旨を記録した「書録」を付して、整理経過を『別録』にまとめた。死没までの二十一年間従事したこの大事業は、子の劉歆《りゅうきん》に継がれて、哀帝(前七―前一在位)の世に完成した。

劉歆は、全体を書籍目録『七略』にまとめ、のち班固《はんご》が『漢書《かんじょ》』の「芸文志《げいもんし》」に、これを簡略にして、構成を六芸《りくげい》・諸子・詩賦・兵書・数術・方技の六略《りくりゃく》(部門)とし、各略目を分目にわかち、各書名と篇巻数を著録し、作者とその時代を注記した。略目・分目ごとに序論をつけたが、それは前漢後期の学術流派の趨勢を叙述し、さかのぼって中国文献の源流を知る根拠を与えた。

たとえば、『戦国策《せんごくさく》三十三篇』(「六芸略」春秋)は、戦国諸侯を遊説した縦横家《しょうおう》(第6章を参照)の外交術策の論集であるが、劉向が、秘書のうち「国事」「短長」「事語」などの称がある多種の異本から、錯簡《さくかん》(簡策の順序を並べあやまる)や誤字を校定し、十二の国別の三十三篇本に整理し、書名を確定させた。この作業を、領校とか校讐《こうしゅう》とかいう。

劉向は、官途を王氏に阻まれて、九卿に復しえず、中塁《ちゅうるい》校尉にとどまったが、時政を諷喩した賦や上疏《じょうそ》文は、多く『漢書』『楚辞《そじ》』に収まる。

その子の劉歆は、字を子駿《ししゅん》といい、成帝のとき、黄門郎として領校を手伝い、父の死後、侍中として光禄大夫にのぼり、父業を完遂した。

劉歆は、秘書から発見した「左氏春秋」を尹咸から学んで愛好し、その書を孔子に親近した左丘明《さきゅうめい》の伝記(経書『春秋』の解釈書)と考え、『毛詩』『古文尚書《しょうしょ》』など古学(経古文学)の経書とともに、専門の学官(国家学として公認の)、つまり博士官に立てられるよう運動した。新出の古文献によって、現実の漢王朝を古聖の言辞で合理づけ、その政権をいっそう強固に支えうる理論的な根拠を与えるもの、と考えたことによる。既存の国家学を代表した博士(教授官)と講論し、「移書譲太常《たいじょう》博士」をつきつけて攻撃したために排斥され、余儀なく河内《かだい》太守に転出し、さらに五原《ごげん》・涿《たく》郡の太守を歴任した。

平帝(後一―五在位)以後、王莽の推薦で、中塁校尉から羲和《ぎか》と京兆《けいちょう》尹の両職を兼ね、その間、学務全般を掌握し、暦法にも精通して音律と総合解釈をほどこした「三統暦譜」を著作し、律暦的世界観を創始した。古学派の学官を、王莽政権下に実現させ、その新《しん》に仕えて、国師《こくし》の地位についた(後九)。そして甄《しん》豊・王舜《しゅん》らと並んで王莽の腹心となり、自ら手を加えたという古文経『周礼《しゅらい》』(『周官』とも)の制度によって、新の政治を飾った。

歆は、紅休《こうきゅう》侯・嘉《か》新《しん》公としだいに爵位を昇ったが、子女は宮廷の内紛で横死し、自分も新(王莽)政権の崩壊を目前にして、その転覆をはかって自殺した。

劉歆が秘書の領校を機に、古学系の経書を顕彰し、それ以後ながくその学問が隆盛をみたことと、彼が『周礼』や『左氏伝』を偽作したという批判がつきまとうことは、後世の学術史上に大きい問題を残した。

また、第7章に述べたように、劉歆の律暦的宇宙解釈は、第14章で紹介する生成論にも影響を及ぼし、ひいては後世の歴史意識にも反映している。

ついで、班氏一族に叙述を進めよう。

漢家と班氏

後漢初期の歴史家、文学者として、班固《はんこ》(三二―九二)を中心に、劉漢王朝と文人官僚との関係を見ておこう。

班氏は、春秋《しゅんじゅう》時代の楚《そ》の名族、令尹子文《れいいんしぶん》(闘穀於菟《とうどうおと》)の子、闘班《とうはん》から出たとされ、秦《しん》が楚を滅ぼした際に、南方から楼煩《ろうはん》(現、山西省北部)に移住して班氏を名乗った。前漢はじめ、すでに牧畜を業とする辺境の富豪となり、武帝のころから代々仕官したが、班固の曽《そう》祖父班況《きょう》のとき越騎校尉に遷《うつ》り、女《むすめ》が成帝の倢伃《しょうよ》(後宮の妾妃)となって、一家はいったん昌陵(陝西《せんせい》省臨潼《りんとう》県の東)に移り、漢室に接近した。

以後、右扶風《ゆうふふう》の安陵(陝西省咸陽《かんよう》県)の一族として、祖父班稚《ち》ら兄弟は、学問を受け、それぞれ郡国の守相《しょう》に任じ、北辺の豪侠の風をあわせ帯びた名門となった。とくに稚の次兄班斿《ゆう》は、中郎将として劉向《きょう》らと秘書（宮廷図書）を領校し、その副本を下賜された博学の士であり、その子班嗣《し》は老荘の術を貴び、仁義や名声の絆《きずな》から脱して清虚（抵抗を避ける処世法）を保ち、自然《しぜん》（必然の理法）に帰順することを桓譚《かんたん》（前二四—後五六）に説いている。祖父の稚は広平《こうへい》国の国相のとき、王莽の専権下でその自然の吉兆現象である符瑞を奉報せず、悖逆《はいぎゃく》不道つまり反逆罪として検挙されたが、班倢伃のすじで太皇太后（王政君、元帝の皇后）に許された。新の政権下でも好古の士、揚雄《ようゆう》らと交際して身を全うした。

父の班彪《ひょう》（後三—五四）は、王莽が敗死するや地方豪族の隗囂《かいごう》に従い、赤眉《せきび》の軍が関中に侵入する際（後二四）、「王命論」によって劉漢受命説を著わし、帝堯《ぎょう》のあとを祚《けつ》いで劉氏が王者の命運をになうものとして、漢家の復興を促した。さらに河西《かせい》（甘粛省の西部）の豪族竇融《とうゆう》をたよって戦乱から避難し、劉秀（光武帝）への帰属を画策して洛《らく》陽《よう》に還《かえ》った。そこで光武帝の茂才《もさい》に挙げられ、臨淮《りんわい》郡の徐県の長官を拝したが官途を辞したらしい。

班彪は著述を好み史籍に専心し、司馬遷《しばせん》の『史記』に欠けている太初《たいしょ》（前一〇四—前一〇一）以後の漢帝国の歴史を『史記』の後続として「後伝」六十五篇に著わしたが、それに伴った当時の経伝（儒学の学術）に準拠して漢室中心主義の史例を立て、『史記』

は黄老《こうろう》(道家の政術)を尊重して「五経」を軽視するもの、〝貨殖〟や〝游俠〟の列伝では仁義や守節の士を軽侮するもの、つまり礼教国家の価値観に反するものとして決定的に批判したことは有名である(『後漢書』班彪伝「略論」、『漢書』司馬遷伝「賛」)。この批判は、礼教思想とともにながく『史記』を読むものを拘束した。彪は、のち司徒府に出仕し、推されて中山国望都《ぼうと》県の長官となって、そこで没した。

班固と『漢書』

班固は、九歳で文章を作り詩賦を記誦し、長じて広く九流百家の言に通じ、章句(本文解釈)に拘泥しなかった。少年のとき、王充《おうじゅう》は、師事していた班彪に向かって「この子はきっと漢の史実を記録しましょう」と告げた、という。永平元年(五八)、驃騎《ひょうき》将軍として明帝の礼制改革を補佐した東平王の劉蒼《りゅうそう》(憲王、明帝の弟)に、経学に明るい儒者の採用を薦《すす》めた奏記《そうき》が残っている。

一方、班固は父の遺業を継ぎ、郷里で漢代史の補続に努力していたが、永平五年(六二)ごろ国史を私的に改作するものと告訴されて下獄し家書を没収された。しかし弟の班超《ちょう》の上書で、かえって明帝に校書郎に召されて蘭台《らんだい》令史に叙任され、尹敏《いん》らと「世祖《せいそ》本紀」(光武帝の「本紀」)を著わし、ついでのちに『東観漢記』の一部となる列伝や載記《さいき》の二十八篇を作った。その成績によって、父子二代の力を傾けた漢代史の続成事業が詔命で公許された。

かくて二十年以上も、漢帝国一代の修史編纂に精力を傾注し、建初七年(八二)ごろ『漢書』百篇を編成しおえた。ただし十「表」と「天文志」とは、妹の班昭《しょう》(四五—一一七?)の補続になる部分である。この間、校書郎として賈逵《かき》(三〇—一〇一)らと秘書を典校している。

また彼は、当時の主要な文学ジャンルの辞賦を作る名手でもあり、その「両都賦」すなわち旧都の長安を描いた「西都賦」と洛陽を謳《うた》った「東都賦」は、のちに『文《もん》選《ぜん》』の巻頭を飾る栄誉を負った。これは、新都洛陽の宮苑や都城が日々に整備されるなかで、長安の保守的な老人たちがなお旧都に皇帝の保護を乞うのを諷刺している。洛陽の制度の完美をたたえ、逆にかつての長安の奢侈《しゃし》を戒めた。その形式は、張衡《ちょうこう》(七八—一三九)の「両京賦」に直接うけ継がれた。ほかに、弱冠の作「幽通賦」があり、自己の奉ずる儒学的な経術を「答賓戯」で主張した。

建初四年(七九)冬、詔命で太常に属する博士官や儒者の楊終・丁鴻《こう》・張酺《ほ》・李育・賈逵らを会集し、「五経」の教義についての異説や文字の異同を二か月にわたって、白虎観《びゃっこ》(洛陽の北宮)で講論させ、章《しょう》帝みずから臨席して決裁し、その統一解釈を求めた。前述の、前漢、甘露三年のかの石渠《せききょ》閣での「五経」にかんする学術討議の故事にならったのである。玄武《げんぶ》司馬となっていた班固もこれに参列し、論定した「議奏」を整理して『白虎通義』四十四篇を著わした。『白虎通』(「白虎通徳論」)とも称される。この書は、『漢書』五行志とともに、当時の正統学術(経今文《きんぶん》学)に支持された休祥災異の治政予言の内容を知りうる、好個の資料を伝える。

著述に専念した博学の班固は、学芸を好んだ章帝に愛され、許されて宮中の書物を連日読みふけったともいう。しかし北辺の豪雄の子孫として対匈奴《きょうど》策を建議し(八三ごろ)、礼制に関する重要審議に宮廷で代表質問したり、国家儀礼集である『叔孫通《しゅくそんとう》漢儀』を奉ったりしている(八六—八七)。一方、巡狩《じゅんしゅ》ごとに「南巡頌《しょう》」(八四)、「東巡頌」(八五)などの賦頌を献じ、また「典引篇」を作って宇宙論から説きおこし、帝堯の明徳をはるかに継承する漢家の符命を、父の「王命論」以上に徹底して頌述し、司馬遷・司馬相如《しょうじょ》・揚雄の政権論に対抗して、漢室を称《たた》えた。

彼は母の死に遭っていったん退官したが、永元元年(八九)贖罪《しょくざい》のため匈奴《きょうど》征討を乞うた竇憲《とうけん》(竇融の曽孫)に、班固は中護軍(参謀)として従軍した。遠征軍は大いに匈奴を駆逐し、私渠《しきょ》海(バイカル湖)付近の燕然《えんねん》山に、彼の銘文で漢朝の偉徳を刻んだ石碑を建てた。大将軍の憲の勲功により竇氏一家の威勢は首都を傾動し、憲の幕客の崔駰《さいいん》・

傅毅《ふき》らと学術面を代表した班固は、翌年再度、北単于《ぜんう》を出迎えに中郎将としてゴビの居延塞《さい》に派遣され、私渠海まで至っている。

永元四年(九二)、和帝によって竇氏の専横が敗退させられると、班固は連座して免官となり、同時に身内の犯した過去の罪に対する私怨を復讐されるかたちで、洛陽の獄内で死んだ。

班超・曹大家

弟の班超(三二―一〇二)は、父の死後、三十歳前後までは、役所の写字生に雇われて母を養い、いったん兄とともに蘭台令史になったが、つねに前漢武帝のときの張騫《ちょうけん》らの西域経略にあこがれた。永平十六年(七三)、竇固《とうこ》(竇融のおい)の匈奴征伐に仮《か》司馬として軍功を立て、四十二歳であらためて西域諸国に使者として派遣された。

鄯善《ぜんぜん》(かつての楼蘭)・焉耆《えんき》(カラ・シャール)・亀茲《きゅうじ》(クチャ)・疏勒《そろく》(カシュガル)・于闐《うてん》(ホータン)などの西域(現・新疆ウイグル自治区)地方の諸国を経めぐって軍事・外交に力を尽くし、漢王朝に服属させ、その威勢は大月氏(当時はクシャン王国)に及んだ。三十年に及ぶ西域経営に後半生を捧げた彼は、妹の班昭の上書も加わり、永元十四年(一〇二)七十一歳で西域都護(総督府の長官)を免ぜられ、許されて洛陽に帰還したが、一か月後、射声校尉《せきせい》のまま没した。

その妹の班昭は、若くして夫曹寿《そうじゅ》(字は世叔)に死別したが、曹大家《そうだいこ》と敬称され、博学高才によって和帝の命で兄ののこした『漢書』の未完成部分を続成した。同郡の馬融《ばゆう》(七九―一六六)にこの『漢書』の難読部分を講述し、不備な個所を融の兄の馬続《ばしょく》に完成させた。また、皇后や諸貴人(後宮の妾妃)の師として宮中に召され、珍貴な貢物のあるたびに賦頌《ふしょう》を献じた。永初三年(一〇九)ごろから鄧《とう》大后(和帝の皇后)の政事と学芸の顧問となり、経書や天文・算数を授けた。一方、『女誡』七篇を著わし、当時の女性像を正したことは有名である。彼女の多くの賦頌や上疏《じょうそ》など十六篇は、没後に撰集された。班家は豪俠と儒雅の両者の風が伝わったが、班超は前者を、班固と曹大家は後者をわけ持って名を成した。

『漢書』

『漢書《かんじょ》』百篇は、『史記』の紀伝体の体裁を継承しているが、前漢の高祖(劉邦)から王莽政権の新《しん》の崩壊にいたる十二世、二百三十年間の史実を記述した王朝一代かぎりの、徹底した断代史である。

『史記』に存した、代々栄えた諸侯の記録である〝世家〟を立てず、〝本紀〟を「帝紀」に限定し、十二代の漢家の皇帝の在位年月の順に、年代記(「載記」)ふうに国家の大事が記述される。「列伝」七十篇は、『史記』の陳渉(「世家」)や項羽(「本紀」)を「陳勝項籍列伝」とし、漢室の諸王もすべて「列伝」に扱い、簒権者の王莽の伝をその最末尾に位置させている。

歴史叙述の全般にわたって、王朝断代史の観点から『史記』の体例を批判的に摂取し、謹厳に漢家の統治体制を皇帝と臣僚と庶民の、三層の秩序のなかに描きとおしている。『史記』の記述を資料的に襲用している武帝期ごろまでの文章についてみても、用字・文体ともに慎重な整理がゆきとどき、表現の躍動は抑制されて、いわゆる雅健な文辞におちついている。

班彪・班固父子は、両漢の際の政乱と劉氏の復興を経験して、帝堯の後裔としての劉漢受命説を厚く信じ、当時すでに災異説に浸透していた図讖《としん》(政治上の予言)をも加えた儒家の学術(経術・経芸—国家学)をもって、劉漢政権の帝国統治を擁護するものとした。ことに各方面の文化事象を細述した八「志」や各種の年表類である十「表」の〝序論〟部分には、経学史観ともいいうる立場から、漢帝国の諸制度、諸文化を、『周《しゅ》礼《らい》』をふくむ儒家の経書をもちいて、上古三代いらいの理想の古制にむすびつけて、現実世界を潤色している。そしてこの史観こそは、ながく歴代の王朝断代の〝正史〟

を編纂する場合の模範とされた。

12　讖緯思想と王充

政治と学術の世界に儒教が浸透し、儒学がくまなく陰陽災異説におおわれるのは、前漢、元帝(前四九―前三三在位)の世からである。災異を説くのは公羊《くよう》家に限らない。めぼしいのでも穀梁《こくりょう》家の劉向《りゅうきょう》、その子の左氏家の劉歆《きん》、これら春秋学のほかに尚書家の夏侯《かこう》勝・李尋《じん》、易家の京房《けいぼう》、斉《せい》詩家の翼奉《よくほう》など、あまたの災異論者を輩出し、また儒者の重用は前漢末期に異常なほど目だった。丞相の地位は儒臣に独占され、詔勅は礼教的言辞でみたされた。国家祭祀の郡国廟、天子七廟などの廟制や、天地を祭る郊祀制は、儒家の礼制・礼義に合致させるよう改革された。

災異と予言

儒教の国教化につれて、儒家の唱える災異説に顕著な変化があらわれる。神秘的な予言への傾斜である。董仲舒にあっては、休祥災異はなお過去の統治者の事績に関連して説かれ、むしろ予占化は戒められた。過去の君主の、背徳や失政に対する譴責であるべき災異であったものが、将来発生すべき事態の予言へと転向する。その原因の一つは、公羊家春秋学に見られる論理にひそみ、もう一つは易学派との交渉であった。後漢の何休《かきゅう》（一二九—一八二）は、「災」と「異」を別個の性格とし、災は「事に随《つ》いて至るもの」（隠公五年注）、異は「事に先んじて至るもの」（隠公三年注）と。不吉の事態が発生する以前に現われる異変（日食など）は、予言にあたる暗示的意味をもつ。この災と異を分かつ説は、すでに後漢初期の経義集『白虎通義』（災変篇）に引く緯書（『春秋潜潭巴《せんたんぱ》』）に見え「災の言たる、傷なり、事に随いて誅《ちゅう》す。異の言たる、怪なり、先だって発してこれを感動せしむるなり」とある。災の譴責にたいして異が予言的性格をおびるにいたったのは、讖緯《しんい》の影響であろう。

しかし一方、漢代易《えき》学に新生面を拓いた京房（前七七—前三七）は、「経書を修めて、政事に任じ」た（『漢書』谷永伝）点で群を抜き、ついにはそのために身を亡ぼすのであるが、災異の解釈と予言にもひいでていた。『易』が陰陽災異説をみちびいて予言的色彩をおびさせるのは、ごく自然であった。「易」はがんらい未来を占い、将来を予測する術芸であり、「往をもって来を知る」（『漢書』京房伝）には、『春秋』の行事《こうじ》（往行の災異事件）を資料にして未来を予見することでもあって、ついには「天人の道に通合する者、『易』と『春秋』より著《しる》きは莫《な》し」(『漢書』眭弘《すいこう》伝賛)と班固に評さしめている。谷永のように「天官(天文暦法の太史職)と京房易《えき》に最も密《くわ》しく」、杜業のように、日食(異変)を『易』と『春秋』の陰陽災異説で解釈するに至った(前二年)。

『漢書』五行志は、前漢十二代の災異記事を当時の政治事件と並記し、それに『春秋』の災異記事をつき合わせ、「洪範《こうはん》」五行説で分類し(貌・言・思・聴・心思、木・火・土・金・水)、それに董仲舒から京房「易伝」や劉向《きょう》・歆《きん》父子の「五行伝」にいたるまでの解釈を集成している。また、京房の予言は精密化をはかって律管候気の法と易法を結合させ、新しい六十律(六十卦《か》に対応)の技法を開発し、十二律系の律暦理論である三統説(第7章を参照)に対抗している。

専制君主の恣意的な行為を規制する天譴であってこそ、董仲舒いらいの災異説の意義があったが、この災異の予言化によって、いまやその使命の転換がおこりつつあった。預言者的・未来記的な理説としてその存在を主張したことによって、思想史に重要な役割を演じたのが、かの讖緯《しんい》説である。

讖緯・図讖

讖緯は、未来予言の讖と、経書の記事を災異思想にもとづく神秘解釈をほどこした緯とに大別できるが、その内容は社会・政治から文化全般にわたる点で、まさに経書と照応しうる。

しかるに経書に欠いているものとして、先秦期から伝わる天文占や天人感応説、宇宙生成論などであるが、それらをあまたの奇怪で神秘に富む一種の託宣ふうの、定型（あるいは韻文）の文体をとって出現した。そして礼楽・道徳の根源も治政や制度の原理も、すべて天なる理法に求めた。その天人合一の形而上学説は、一群の緯書《いしょ》として後漢初期に成立するが、その性質上、長期にわたって付加・改変されながら六朝期にも及んで、蓄積されたと考えられる。

讖緯説の神秘な予言を政権の獲得に利用したのは、漢王朝を簒奪《さんだつ》した王莽《おうもう》にはじまる。「安漢公莽《もう》、皇帝と為《な》れ」という符命や多くの瑞異が各地から報ぜられ、一連の図讖《としん》が劉漢の命数の終わりを告げ、代わるべき聖王の出現を予告した。符命とは、符瑞を伴ってあらわれる天からの命令であるが、仕組まれた政権禅譲《ぜんじょう》が天命の名のもとに実行されるのである。

王莽政権の新《しん》は、「周官《しゅうかん》」（『周礼』）にもとづく復古改制を企て、〝六芸〟の徹底した政治への応用がかえって混乱を招いたが、天文・星暦をめぐる讖記《しんき》（未来記）をふかく信じた。「赤眉」の蜂起をはじめ漢室の復興をさけぶ大小の反乱のなかで、最期に及んだ王莽は、天文郎の持つ栻《ちょく》(式占盤)のさし示す方角に退避しつつ、みずから符命(お告げ札)と威斗(魔除けステッキ)を抱きしめて絶命した(後二三)。

莽新の滅亡後、蜀《しょく》(四川省)地方に自立して十数年、成家《せいか》国を建てた公孫述《こうそんじゅつ》(?—後三六)も盛んに符命・鬼神の瑞応をこのみ、讖記を作って縦横に引きまくった。「西太守、乙卯金」(のちに孝経緯「援神契」)とは、西方の太守(蜀郡太守の述)が卯金《ぼうきん》(つまり「劉」氏の漢家)を乙絶《いつぜつ》(=軋《あつ》絶、挫く)する意味だ、と。

　五徳の運《さだめ》は、黄(王莽)が赤(劉漢)を承《う》け、そして白(公孫氏)が黄を継ぐ。金は西方(蜀)に拠って白徳だ、王氏に代わってその正序(正統性)を獲得した。(『後漢書』公孫述伝)

とするたぐいの、五行説による正当化を図ってもいる。これに対して、赤眉を破って天下を統一した後漢の光武帝(劉秀、後二五—五七在位)もまた讖緯の熱心な信者であった。この時、述に与えた書簡に「春秋讖」を引いて、

　図讖《としん》に「公孫」と言うのは、わが王《きみ》宣帝のこと。「漢に代わる者は、当塗高」とあるが、いったい君は、姓は当塗《とうと》、名は高《こう》、の身なのか。

と挑戦している。彼は、挙兵の初め、友人彊華《きょうか》から火徳王朝の再現を予示する「赤伏符」を関中の地から奉られ、群臣を〝受命の符〟と喜ばせた。帝位に即くのも「卯金

(劉氏)は徳を修めて天子となれ」の讖記に拠っている。その晩年には「図讖を天下に宣布し」たほどであった(建武中元元年・五六)。

易姓革命の政権交代を合理づけた讖記は、つねに王朝の権威を脅かすと同時に、その神聖化にも駆使された。つぎの明帝・章帝(五七—八八在位)も図讖を信じ、これを排撃する者は桓譚《かんたん》のように迫害され、修得しない者は栄進の道を断たれた。かくて「儒者は争って図緯を学び、またその上に妖言《デマ》まで付会した」(『後漢書』張衡伝)といわれるほど、学術世界にも浸透し、政治のための道芸・経術としての経学にも、讖緯説にたよってあまねく経書を解釈するようになった。

緯書

文献としては、〝六芸〟(「易・書・詩・礼・楽・春秋」)の一々に見あう緯書と孝経緯《こうきょう》をあわせて「七緯」が整理され(『後漢書』方術上・樊英伝注)、尚書中候・論語讖や「河図」「洛書」が後漢前期から伝えられた。前述のごとく六朝期にいたるまで、内容が増補されているが、その時勢の情況を敏感に反映していることがその特徴である。

緯書の内容で、顕著な例をあげるならば、経書の制作に偉大な能力を発揮したとされる孔子を、神怪な超人として宗教的対象に仕立てたことであろう。従来の聖人孔子は、最高の人格者であるが神格をそなえてはいなかった。ところが、緯書には「母が尼邱《じきゅう》山に禱って、黒龍（水徳の黒帝）の精霊に感じて」彼を産んだ（「論語譔考《せんこう》讖」）とあり、黒帝の子として神秘な生誕をもつ孔子（黒孔・玄丘）が出現する。その身は「長《たけ》は十尺、太さ九囲《い》、座れば蹲《そん》龍、立てば牽《けん》牛」のような巨人である。さらに特殊な霊感をそなえた孔子は、劉漢王朝の受命を予言して「黒孔生、為赤制」（春秋緯「感精符」）、「玄丘、命を制《さだ》め、卯金を帝とせよ、と」（孝経緯「援神契」）のように、みずから天命を受けて、周王の政道を改制し、「漢のために法を制し」たのである。

両漢の際に盛行した多くの予言（図讖、讖記）は、後漢の礼教国家を築くにあたって、儒家たちによって改編され、董仲舒系の春秋学よりもいっそう露骨に、現実の政権を擁護するための神秘な解釈を、経書に付託していったのである。いま、『春秋公羊伝』の「獲麟」の記事（哀公十四年＝前四八一）にある何休《かきゅう》（一二九―一八二）の注（「解詁」）は、その典型である。そこに春秋緯の白書「演孔図《えんこうと》」の由来を記している。劉漢の受命国家たるの使命を説く。

　中に作図し制法の状《ありさま》あり。孔子、仰いでは天命を推《はか》り、俯しては時変を察し、却《しりぞ》きて未来を観て、予解すること窮《きわま》り無し。（孔子は）漢のまさに大乱の后《あと》を継ぐべきを知り、故に撥乱《はつらん》（和平統治）の法を作りて、以てこれに授く。

なお讖緯説は、劉漢一代のためのものでなく、政権交代ごとに出没し、その革命思想は人心を扇動したため、六朝・隋唐期を通じて国家権力によってしばしば禁圧されているが、緯書そのものは経学上、その総合解釈のうえで不可欠の要素として活用されたことによって、漢魏いらいの経書解釈に頻繁にあらわれ、その集成である『五経正義《きょう》』や類書(『太平御覧《たいへいぎょらん》』など)に多く引用されて、いまに伝存している。

また、わが国へは、すでに奈良期に紹介されており、『日本国見在書目録《げんざいしょ》』(八九一成立)にも「七緯」のすべてが著録されている。その辛酉《しんゆう》革命・甲子《かっし》革令などの改元説に、多く緯書から取った形跡がうかがえる。

中国では宋代に、本邦では室町期に、その非合理な思想の排除が行なわれ、それ以後に緯書の多くは佚亡した。

この讖緯思想の盛行した後漢前期において、大胆にも光武帝のまえで、災異説を疑い讖記の不信を述べて、あやうく死罪になりかけたのは、さきに挙げた桓譚《かんたん》(前二四―後五六)である。その思想的継承者が、以下に述べる王充《おうじゅう》である。

なお、張衡《ちょうこう》(七八―一三九)は、すぐれた自然学の知識から、律暦・卦候《かこう》・九宮《きゅうきゅう》・風角等の、将来の予測が比較的可能な学術を重視すべきであって、何ら科学的根拠のない讖記は論ずるにたらず、と批判したのは、著名なことがらである。

ここで、後漢が生んだ卓越した思想家、王充《おうじゅう》(二七―九七?)を紹介しなければならない。

王　充

王充は、世俗と合わず、一生不遇に終わったが、著書『論衡』八十五篇によって、当時の正統思想や俗信の鬼神説をきびしく批判していた。

彼は、祖父の代から、任俠《にんきょう》として権勢家と対立し、他地方から上虞《じょうぐ》(いまの浙江省紹興市の東)に移り住んだ家がらに、育った。任俠とは、戦国時代以来の、体制権力に抗して個々の結束を重んじて独行する生き方とその気風をさす(第2章を参照)。

青年時代、首都洛陽《らくよう》の太学《たいがく》(国立大学)に学び、班固の父班彪《はんぴょう》(後三―五四)に師事した。書物の買えない貧書生の彼は、市《いち》の本屋で立ち読みしては記憶し、百家の言に通じたという。これは、書店が史上にみえる最古の例でもある。

生涯の大半は、県・郡都尉・郡などの地方官署に勤務し、いずれも功曹《こうそう》(総務課長)を歴任してすぐれた能力を発揮したが、上司としばしば考えが合わず、不遇の属吏生活に終始した。辞職ののち、帰郷して子弟を教え、六十歳の時、刺史董勤《とうきん》に招かれて州従事となり、ついで州治中《じちゅう》となったが、六十二歳で退官し、没年まで著述に専念した。その著述には、『譏俗《きぞく》』『政務』『養性』などがあったが、主著『論衡《ろんこう》』に統合されているとも考えられ、現行の『論衡』以外は伝わらない。

『論衡』一書は、二十五年の歳月をかけ、窓や壁に刀筆（筆記用具）をそなえてその完成に没頭した結実である。「衡」とは、天秤《てんびん》（さおばかり）にかけて公平に重さをはかること。その主旨は、いっさいの虚偽の知識を検討し批判して、公正な真理を導きだすことにあった。事実この書には、当時の主要な哲学課題である自然・人性・知識・歴史・運数（運命）・政治などに関するすべてが含まれ、独創性ゆたかな理論を展開している。

すでに述べたように、当時すでに、儒学の教養とその学術である経学が、士人官僚としての必須条件となり、彼らの日常は讖緯説で潤飾された儒教の教養を遵奉する礼教的秩序に覆われていた。

桓譚は、つとに讖緯説の虚妄をあばき、神仙不老や鬼神の存在を、経験事実と理性の力によって排除した。いま『新論』の佚文《いつぶん》断片に、その片鱗が伝えられている。直接その影響をうけた王充は、その一貫する実証的態度で、この体制教学を疑い、いちいちその反論を試みた。経験知識の蓄積とそれにもとづいた論理的推断を重んじ、当時流行の図讖《としん》（予言書）や緯《い》書（聖人の予言集）による治政上の予言をふくめて、非合理な伝説や俗信の虚偽を暴露していった。孔子や孟子の言行の矛盾をも批判の対象にのぼしたことから、ことに宋《そう》代以降の政教体制のがわから、厳酷な非難をあびている。

命定論その他

王充は、天地を物質的な気を構成要素とする自然世界とみとめ、万物は、陰陽二気の集散による物理的な交合運動の結果、生成されると考え、天の目的的活動の所産とせず、自然と人事が超越的に感応しあうという天人相関説の根拠を失わせた。そして物質的自然の固有運動をみとめ、これを人間社会に推し及ぼし、過度の人為的干渉を排した道家のいう「自然」状態を尊び、自然必然的な運数の支配を信じた。

また死後の霊魂の存続を否定し、人間の精神活動も肉体の生命とともに生滅するという唯物思想をいだき、桓譚いらいの無神論を徹底させた。それは祖霊崇拝を根幹とする礼教道徳と国家祭祀の宗教的性格に打撃を与えたのである。

さらに、胎児から気の厚薄によって形成されるとする人性については、才能や操行といった主体的価値と肉体的特質とを含んでおり、教化の可能な面と不変な面の、両面をもつ賦性《ふせい》を解明したが、他方で人間の主観能動性をまったく欠いた深刻な命定思想(宿命論)、つまり運数支配説におちいった。

彼のいう「命」には、出生時に賦性とともに個人にやどって肉体の生命を支配する寿命《じゅめい》(強弱寿夭《じゅよう》の命)があり、また社会的処遇を決定する禄命《ろくめい》(富貴貧賤の命)がある。世俗の偶然の邂逅《めぐりあい》による禍福も「所当触値《しょくち》(そのように出会うはず)の命」としてとらえて、賦性と幸不幸とを因果づける当時の随命《ずいめい》説を拒否した。さらに家や国の盛衰も、国命などを設けて、その支配下におき、人間の実践努力の及ばない運数支配の領域を、無制限に拡大させた。

これには、讖緯説を採用して漢王朝の国策に掣肘《せいちゅう》を加え、帝国統治の政権を相対化する経学的な国家論を排する目的があり、建初四年(七九)の白虎観(首都洛陽の宮殿)の論議で示された礼教支配の体制理論(『白虎通義』)とは対立するものであった。彼は反尚古主義とこの運数説(命定論)からする漢家絶対の考えを主持した。それは班彪・固父子の、劉氏の皇帝が王莽政権を打倒して再興すべく運命づけられている、とする劉漢受命説と通じあうものがあった。

人材については、事務能力のみの文吏(文法の吏、法律をあやつる属吏)よりも道芸(経学)を志す儒生に、また儒生のなかで材志の卓抜した通人(通儒)から、歴史的真実と博綜の知識に通暁した人材を期待した。さらに博識のうえに立って、古今を論説する文人(文儒)の著作の材力を尊び、論説を興して篇章に表現する鴻儒を最高位においた。

鴻儒の手によって漢家の功績を謳頌する論著を創作することに、最高の意義を見いだしていた。運数説と頌漢思想とは、彼の命定思想の表裏をなすものであった。

すでに諷諭(教化のための風刺)の義を没しつつあった漢賦の敷陳(字づらの羅列)を批判し、主旨を直叙した内容の確実な暢達の文章を尊び、古文の模倣や修辞の形式主義をしりぞけ、なによりも書伝(文献)の虚妄の所説をにくんだ。当時としては、国家事業を記録する中央政府の、班固も勤務していた蘭台《らんだい》令史たちに期待している。また個人としては、元会稽《かいけい》太守で司空となった第五《だいご》倫《りん》のごとき人物を慕った。

彼の強烈な批判精神と旺盛な実証的態度をささえたものは、律暦や術数にわたる水準の高い当時の自然科学、民間の実証主義的な学風、主観を排した道家ふうの自然哲学などが考えられる。また、すでに身分関係の固定を招きつつあった豪族門閥の形成されるなかで、有能な資質を抱きながら、実証された真理と社会的現実との矛盾を痛感しつつ、「細族孤門」の出身として不遇の生涯を送らざるをえなかったこと、さらに父祖から受け継いだ任俠ふうの非妥協の性格も、こうした思想形成につよく影響したものとみられる。

彼の孤高の批判活動とふかい運数支配説とは、かくて現実的役割を果たさぬままに、後漢末の蔡邕《さいよう》(一三二―一九二)が『論衡』を一種の談助《だんじょ》(話のたね)として秘玩物《ひがんぶつ》視したように、奇特の論集として歴代の知識人のあいだに伝えられるのみであった。正当な史的評価は、儒教教学の体制が崩壊する近代以降にはじめて与えられた、といってよい。

なお、王充の伝記は、『論衡』末尾の一篇「自紀」に詳しく、その体裁と内容は、司馬遷の「太史公自序」(『史記』の末篇)と対照されるが、漢魏を通じて類例をみない自己主張の強いものである。また言語的には当時の会稽地方の方言をも伝える資料として、その著作は注目されている。

13 許慎と鄭玄

後漢の学術は、第10章で述べたように、博士官系の政治学—経今文《けいきんぶん》学と、訓詁《くんこ》注釈に長ずる古学(経古文《こぶん》学)とに対抗しあった。前漢以来の学官に伝わった今文学が、師徒相伝の一経専門を守ったのに対して、古学は五経《ごきょう》に博通し、のちには新興の讖緯《しんい》説をも利用して統一解釈の方向に傾いた。

たとえば、賈徽《かき》は劉歆《りゅうきん》から「左氏春秋」「国語」「周官《しゅうかん》」を、塗惲《とうん》から「古文尚書《しょうしょ》」を、謝曼卿《しゃまんけい》から「毛《もう》詩」など古学のテキストを兼習し、子の賈逵《かき》も古学のほかに今文系「尚書」や「穀梁《こくりょう》伝」にも通じたという。ただし、『白虎通義』や『五経異義』(許慎)などによると、一例として、感生帝を信じ、永久復讐を説く今文「公羊《くよう》」に対し、有父説や復讐は五世どまりと説く「左氏・周官」のように、その学説の対立は微細な点にまでわたっていた。

いま、当時の学者を代表して、許慎《きょしん》と鄭玄《じょうげん》とをとりあげて、その学術の一斑を見ておこう。彼らは、後世とくに清代学術(清朝考証学)において、宋明《そうみん》の学に対抗して漢学が唱道され、その漢唐訓詁の学が学術史のうえで再発見されて評価をうけたなかで、許鄭《きょてい》の学として、漢魏・六朝期〝経学〟の宗師と仰がれたのである。

許　慎

許慎(五八?—一四七?)は、後漢前期の古典学者として、その著『説文解字《せつもんかいじ》』十五篇によって、当時通行のすべての漢字について、原義と字形の構造を説明し、後世の中国文字学の基準となった。

彼は、汝南《じょなん》郡召陵《しょうりょう》(いまの河南省郾城《えんじょう》県の東)の出身、字《あざな》は叔重《しゅくちょう》。若くして賈逵《かき》(三〇—一〇一)に師事し、儒学経典の学に通じた。

劉歆《りゅうきん》(前五三?—後二三)にはじまる「春秋左氏伝《しゅんじゅう》」「国語」「周官」の古文《こぶん》経学は、先秦《しん》の古い字体による原典を重んじて、国家公認の博士官の経学(経今文学《きんぶん》)と対抗したが、「古文尚書」「毛氏詩」(『詩経』の一系統)の学とともに、それらは父の賈徽《かき》をへて子の賈逵へとすべて継承された。逵は、班固《はんご》らと秘書(宮廷図書)を校正し、その間とくに「左氏伝」を尊重した。それは、劉氏の皇帝こそ、王莽《おうもう》政権を打倒して、国家の再興をなすべく運命づけられているとする劉漢受命説の図讖《としん》(治政上の予言)と符合する文献であり、そこから君臣父子の尊卑秩序や強幹弱枝、勧善戒悪といった主旨をつかんで闡明《せんめい》し、漢王朝を擁護する経書であると謳《うた》って、その「左氏伝」を国教に近づけた。

この賈逵は、章帝・和帝二代にわたって(七五―一〇五在位)信任を得て侍中の騎都尉となり、経学を讖緯《しんい》に付会させて通儒と称され、その学は許慎・馬融《ばゆう》(七九―一六六)・鄭玄へと受けつがれて展開していった。讖緯とは、当時流行した予言書のたぐいで、経書を補充するものとして緯書《いしょ》と総称される。

許慎は、古文経学を唱道したこの中心人物から、「古文尚書」「毛詩」「左氏伝」の、古学(経古文学)を学び、前漢後期から〝小学《しょうがく》〟と称される古代文字学をも伝えられた(『漢書』芸文志《げいもんし》「六芸略《りくげいりゃく》」小学総論)。

官途は、汝南郡の功曹《こうそう》(総務課長)から孝廉として中央政府に推挙され、三公府の一たる太尉に属する南閣(庶務を録省《ろくせい》する黄閤《こうこう》)の祭酒(司長)を長くつとめた。張酺《ほ》・張禹《う》らの大尉に在任時の掾史《えんし》(属官)で、低い官位であったが、永初四年(一一〇)、劉珍・蔡倫《さいりん》・馬融らと、詔命で東観(洛陽《らくよう》の南宮)にも出仕して秘書の経伝類を校正している。当時すでに〝五経無双《むそう》許叔重〟(五経の経学で許慎にかなう者はいない)と謳われ、後輩の同僚でのちの大儒、馬融からつねに敬重された。慎は、さらに沛《はい》国洨《こう》県の長官に除せられている(『後漢書』儒林・許慎伝)。

五経に関しては、異論の多い学説を整理しようとして『五経異義』十巻を著わしたが、いまは失われて、のちの鄭玄の反論『駁《ばく》五経異義』によってその片鱗を知りうるにすぎない。さらに第9章で紹介した、前漢劉安《りゅうあん》(淮南王)の百科の書『淮南子《えなんじ》』に注釈をほどこし、現行本「淮南子」二十一篇中その八篇に彼の注「鴻烈間詁《こうれつかんこ》」をとどめており、その解釈は『説文解字』にも活用されている。

『説文解字』

彼の名を不朽にした文字学の書『説文解字』十五篇は、ものの形象を写しとった単体の〝文〟とそれを組み合わせた合体《ごうたい》の〝字〟とからなる漢字に、〝説解〟(意味の説明)をほどこした字書である。本文十四篇は、当時の経典をはじめ文籍にのぼった九千三百五十三字を網羅し、親字《おやじ》に当時の正体字であった小篆《しょうてん》をかかげ、それと字体の異なる或体《わくたい》(異体字)の籀文《ちゅうぶん》や古文などは、重文《ちょうぶん》(重複字体)として一千百六十三字を加えて収める。

字形の分類を重視し、偏旁《へんぼう》の要素によって篆文を類別し、「一」部から「亥」部までの五百四十部に分かち、その部首とこれに含まれる親字は、字形の類似と字義上の関連をもとめて順序づけられて配列されている。これ以前の字書は、前漢に十七歳以上に試験して九千字以上おぼえた者に仕官させる定めがあり、そのための実用の識字教本である「蒼頡篇《そうけつへん》」「急就篇《きゅうしゅうへん》」などが盛行した。これらはのちの「千字文《せんじもん》」に類する、記誦しやすい韻文《いんぶん》の自習書にすぎなかった。これらの識字書にくらべて『説文』は、文字学の原理にもとづいて体系だてられている。

許慎は、末尾の「叙」一篇で文字創造からの歴史を述べ、古学系の『周礼《しゅらい》』(「周官」とも)の興起と関係のふかい六書《りくしょ》説を展開し、文字学を「経芸之《の》本、王政之始」(国家学の根底であり、統一国家の基礎となる)と説いた。それは統一国家の帝国統治につかえる士人官僚の基礎知識として、まず正確な文字の使用を必須としたことを意味する。

彼が当時通用の隷書《れいしょ》でほどこした説解は、造字の本義と字形の構造であり、経書などの用例や方言の相違を付記することもあり、また通儒たとえば師の賈逵の説を「賈侍中の説」などとして引証している。字形構造の説明に用いた六書は、構成法とされる四種――象形《しょうけい》・指事《しじ》・会意《かいい》・形声《けいせい》と、その転用法の二種・転注《てんちゅう》・仮借《かしゃ》をいい、劉歆《りゅうきん》の前後にあらわれた漢字分類法であるが、この原則に一々の漢字を定めて応用したのは、おそらく許慎からであろう。うち〝形声〟は七千六百九十七字、全体の八十パーセントを占め(『説文通訓定声』による)、声符(諧声《かいせい》音符)の指摘により、初めて部首分類が可能になるとともに、後世の上古漢語(周代・秦漢の中国語)を研究するのに、ことに上古音を再構するのに貴重な資料を提供することとなった。

『説文』は、永元十二年(一〇〇)ごろ原稿が成り、建光元年(一二一)に、子の許沖《ちゅう》が病父に代わって政府に献上したが、慎は桓帝(一四六―一六八在位)の世にまで長寿を全うしたらしい(『後漢書』西南夷・夜郎《やろう》伝)。

一方、『説文』一書は、殷《いん》周期の甲骨文・金文《きんぶん》(青銅器銘文)を読解する根拠をあたえ、清《しん》代の小学《しょうがく》(古代言語学)はこの書の研究と応用に能事をきわめた。現行の版本には、五代末宋《そう》初の徐鉉《じょげん》・徐鍇《かい》兄弟がおのおの独立に校定した大徐本・小徐本(「説文繫伝《けいでん》」とも)があり、研究叢書として丁福保《ていふくほ》の「説文解字詁林《こりん》」(一九五九、重印本)が利用されており、清の段玉裁《だんぎょくさい》の『説文解字注』三十巻をはじめ、桂馥《けいふく》の『説文解字義証』五十巻や朱駿声《しゅしゅんせい》の『説文通訓定声』十八巻など、許《きょ》学(「説文」研究)の精粋を集成している。

もう一人、後漢の代表的な古典学者を紹介しよう。鄭玄《じょうげん》(一二七―二〇〇)、字《あざな》は康《こう》成《せい》。北海国高密(いまの山東省高密県の南西)の出身。

鄭玄

低い士人層の長男に生まれた彼は、父も祖父も事績は不明。七月五日の生誕日は、清の胡承珙《こしょうきょう》が『太平広記』の記事から見つけた。後漢初期の名族で学者である開封《かいほう》の鄭《てい》興（光武帝の太中大夫）・鄭衆（章帝の太司農）父子や衆の曽《そう》孫の鄭太《たい》（一五〇―一九〇）らとは直接つながらない。

鄭玄《じょうげん》は、幼少から五経を読誦し、とくに数理に明るく、社交は好まなかった。二十歳ごろ、家計のために下級の属吏郷嗇夫《きょうしょくふ》（郷村の税務吏）を務めたが、休暇ごとに学官（公立学校）に通って勤務を喜ばず、父の叱責のまえにも学問の志を変えなかった。やがて北海国の国相杜密《どみつ》にその才能を認められ、二十六歳ごろから各地の学者を歴訪し、京師洛陽《らくよう》の太学《たいがく》（国立大学）に進んだ。第五元先《げんせん》に師事し「京氏《けいし》易」「公羊《くよう》春秋」「三統暦」「九章算術」に通暁し、国家公認の博士官の経学〝経今文学〞系の厳格な論法や暦算に通じた。さらに張恭祖から「周官」「礼記」「左氏春秋」「韓詩」「古文尚書」の、おもに古学（経古文学）を受けており、のち廷尉となった陳球からも漢律を学んでいる。

十年余の勉学のすえ、華東一帯で就くべき師を求めえず、三十六、七歳ごろ、関西《かんせい》の長安にはいり、盧植《ろち》の紹介で、当代随一の学者馬融の門下に加えられた。門弟四百余名を擁する融は、入室の弟子五十名ほどに直接講述するのみで、また貴顕の一族を背景に豪勢な生活を誇り、鄭玄は三年間、同門の高弟から再伝の授業を受けるだけであった。ある時、馬融が学生を集めて、数理的な知識を要した図緯《とい》と暦数を試問したところ、玄が応じて解答してみせ、にわかに頭角を現わして、学力では同学の筆頭の盧植を抜いた。この機会に多年の疑義を師の馬融に質問し、それを終えて帰郷するに際し、餞別にあたって「わが学の道は、いま東へ去りぬ」と老師を驚嘆させたほどに、学問に励んでいた。ときに鄭玄は四十歳。その年(一六六)、八十八歳の融は死没し、また党錮《とうこ》事件に遭遇した。

後漢国家は、地方長官から推挙される儒学的教養を体した士人階層を中核に、その官僚機構を維持していたが、二世紀にかかるころから、漢家の外戚《がいせき》による政権の専断と人材の不正登用がしばしば発生し、政治の理想を儒学の教義にもとめる士流(士人官僚)によって、時の政治への批判が高まった。延熹《えんき》二年(一五九)、外戚の首領梁冀《りょうき》が独裁権力を振るったすえに誅殺《ちゅうさつ》されると、かわって宦官《かんがん》(中常侍など宮廷の内官)が権力の中枢を占めて士流を圧迫し、その間の抗争はいっそう激化した。

三万名をこえる太学の学生をはじめ、地方の処士や儒生らは、宮中勢力に対抗して、官僚群からは陳蕃《ちんばん》・李膺《りよう》らを〝登龍門《とうりゅうもん》〟(鯉《こい》が、黄河中流の急所の龍門をさかのぼって龍に化する)と称して、出世をのぞんでその配下に参集し、節義の士ら清流派を支援して、以後二十年にわたる党争をおこした。

鄭玄が長安を去る年、ついに宦官派は士流の代表格の司隷校尉李膺ら、同僚二百名余を逮捕し、禁錮(終身の官職追放)に処した。しかし時人からは、かえって彼らは清節の士として迎えられた。

一六八年、桓《かん》帝が没し、霊帝が外戚竇《とう》氏に擁立されると、竇武(竇憲の従弟《いとこ》)は、陳蕃・杜密らを登用し、宦官の一掃を謀ったが、発覚して逆に陳蕃は殺され、竇武は自害した。これを機に再度宦官派の大弾圧をまねき、翌一六九年、李膺・杜密ら百名余は捕殺され、党人六百名以上が追放された。これ以降、私欲をむさぼる宦官の横暴に、地方の人民は疲弊し、つねに流民と匪賊化の状態に追いやられた。党錮の禍は、さらに鄭玄の四十三歳(一六九)、四十六歳(一七二)、四十九歳(一七五)の年の三回にわたって、全国の名士やその門生・故吏におよび、党禁を理由に官職を奪われるものが続出し、一方、節義を重んじ時政を非難した清流の士人たちは、劉《りゅう》漢体制のがわから遠ざかっていった。これが後世にいわゆる〝東漢の士風〟として官僚の生き方の模範の一つとされた(顧炎武『日知録』巻十三)。

遊学十余年にして山東に帰郷した鄭玄は、客耕(借地農)の生活のかたわら学生に教え、その学徳を慕った学徒は一千名を数えたという。彼は、まず「六芸《りくげい》論」を著わして六経《りくけい》の源流をたずねた。今文学派の教説を中心に、讖緯《しんい》を兼ねあわせ、すべての経書を一括網羅して検討する意図を示した序論である。ついで四種の緯書に注釈し、経学に形而上学的な根拠を与える準備としたらしい。

熹平《きへい》四年(一七五)、鄭玄は四十九歳で杜密の故吏の縁で、同郡の孫嵩《そんすう》らとともに党人として禁錮を被った。当時、趙岐《ちょうぎ》(一〇六?―二〇一)・何休(一二九―一八二)らの、後世に残る経書解釈の主著は、みなこの党禁下の労作であったが、玄もまた門を閉じて経学に専念し、『周礼《しゅらい》』と、ついで『儀礼《ぎらい》』『礼記《らいき》』の、いわゆる三礼の定本を制定し、それらの注釈を完成した。前二者の謹厳な校定とともに、『周礼』を中軸にたがいに三礼を引証しあって、経書の統一解釈を貫き、この業績によって礼学の大宗として後世ながく尊重された。

同時代の学者何休が「春秋三伝」の得失を論じ、「公羊春秋」を崇奉して経今文学の理念を貫いて『公羊墨守《ぼくしゅ》』を著わし、ほかの二伝には『左氏膏肓《こうこう》』『穀梁廃疾』を作ったが、鄭玄は反今文学説の『発墨守』『鍼《しん》膏肓』『起廃疾』の三部作によって逐一反論し、休を感嘆させた。この努力で古学系の学説がいっそう明確にされた点が少なくない。

中平元年(一八四)、広範な民衆を動員した、張角ら黄巾《こうきん》勢力の全国的反乱が勃発した。党人の集団離反を恐れた政府は、ようやく党錮を解いた。十年間の禁錮から赦免された五十八歳の玄は、門生には変わらずに経典講義をつづけ、『古文尚書』に訓釈し、ついで『毛詩故訓伝』に「詩譜」と箋釈をほどこし、鄭玄の『詩経』解釈「鄭《てい》箋《せん》」を残した。現在の『詩経』の定本は、この「毛詩鄭箋」本をさす。

その間、六十歳で大将軍何進《かしん》に強いて召見させられ、六十二歳（一八八）に申屠蟠《しんとばん》・荀爽《じゅんそう》らと博士に徴《め》され、将軍袁隗《えんかい》の侍中としても招かれた。その翌年、公車徴に遇せられたが、いずれも辞退している。ときに北海国を襲った黄巾の騒乱に、門人と不其《ふき》山に避難し、生活は困窮をきわめたが、『詩』『書』の注釈を続行したという。そのころ『論語注』を著わす。

当時の北海国の国相孔融《こうゆう》（一五三―二〇八）は、文人としても令名があり、儒術をすすめ、邴原《へいげん》とともに鄭玄を敬尊し、とくに玄のために出身地高密県に、一郷を設けて鄭公郷とし、閭《りょ》門（村の入口）を拡張して通徳《つうとく》門と名づけて彼の学問を表彰した。

その後の数年間、鄭玄は黄巾を避けて徐州刺史陶謙《とうけん》の庇護をうけ、そこで『孝経』の注釈をしあげた。七十歳（一九六）で、再び孔融の招きで帰郷するが、その途中、黄巾の大群に遭い、かえって彼らの敬意をうけて居所の安全を保障されるほどに、広く人徳を慕われていた。そのとき、一子鄭益恩《えきおん》に「戒子書」を与え、みずからの学を伝授しようとしたが、益恩は黄巾に包囲された孔融の救出のため、戦場の犠牲となった。

やがて大将軍袁紹《えんじょう》（？―二〇二）に招かれ、公車徴によって大司農（農商務相）の待遇をうけたが、老病の理由で帰郷した。建安五年(二〇〇)、七十四歳で紹の軍からの強制的な出迎えに病を冒して身を動かしたが、ついに病没した。

なお、益恩の遺腹子で、鄭玄の孫にあたる鄭小同《しょうどう》は、魏《ぎ》の高貴郷公曹髦《そうぼう》の侍中となっていたとき、司馬《しば》昭に毒殺された。ともに三代にわたって、道義と忠誠をまもる硬骨の士であったことを思わせる。

鄭玄の学問は、経学の集大成にある。それは、当時の経書に関する今文系・古学系の両学説を兼ねて修得し、「先聖の元意を述べ、百家の斉《ととの》わざるを整えん」と、経学のもととなる孔子の真意をわかりやすく説明し、不統一な諸家の説を整理することを志し、「括嚢《かつのう》大典」(儒家諸経典の総合解釈)に成功したこと、すなわち礼学を基礎にすえ、その統一原理に緯書のもつ形而上学をも適用して、ひろく人倫、文芸の文化諸現象を政治的、社会的規範のもとにとらえ、古代帝国の壮大な統一国家理念を構築しようとした。また、学術としては、〝禄利《ろくり》の路〟を求める世俗的効用から独立した純然たる訓詁《くんこ》方式による経書解釈学の一大学術体系を樹立したことにおいて、純儒とよばれるにふさわしい。のち清代漢学(考証学)の師表と仰がれ、許慎《きょしん》と双璧をなしたゆえんである。

現在の「三礼注」「鄭箋」がその代表的著述であり、逸亡した諸注釈を集めたものに、孔広林の『通徳遺書所見録』、袁鈞《えんきん》の『鄭氏佚書《ていしいっしょ》』のほか、黄奭《こうせき》の『高密遺書』（『黄氏逸書考』所収）がある。また、孫の鄭小同らの編集した、玄の言行録『鄭志』八篇と、『鄭記《ていき》』がある。鄭珍『鄭学録《ていがくろく》』は、鄭玄の事跡年表である。

14　生成論と〝無〟

前漢後期の春秋家によって、自然天道と政事人道との相関関係が、陰陽五行思想によって基盤をかためたが、天人宇宙の始元性が追究されるなかで、「元」の概念が設定された。陰陽説の基礎にある万物生成の二元の気は、始元の重視に伴い「元」をも「気の始め」として、具象世界の陰陽二気のもつ活源力《エネルギー》の根原に、気の始元である〝元気〟を想定した。

三気

それと同時に、「易伝」の太極―両儀の、または礼楽説の太一―両儀の、本体論的な系列に、元気―陰陽の生成論的な段階説をパラレルに適合させて、太極・元気―宇宙始元の体系を成立させた。これらは、前述(第7章)の、前漢末の劉歆《りゅうきん》の三統説に代表されるものであったが、両漢の際をへて後漢にはいるころから、〝三気〟の説が出現する。

章帝の時の白虎観での議奏をまとめたという『白虎通義』によれば、

〔天〕地なる者は、元気の生む所、万物の祖なり。……始めて起るや、先ず太《たい》初《しょ》有り、然る後に太始《たいし》有り。形兆の既に成る、名づけて太素《たいそ》と曰う。……故に「乾鑿度《けんさくど》」に云《いわ》く「太初なる者は、気の始めなり。太始なる者は、形の始めなり。太素なる者は、質の始めなり」と。……(天地篇)

前漢末、哀帝・平帝のころに現われはじめたという讖緯の書の一つ、易緯「乾鑿度」は、鄭玄《じょうげん》の注を得て魏晋以後にも影響を与えたのであるが、その緯書形成の初期の内容は、ここに引かれたように、気・形・質の始元としての太初—太始—太素の〝三気〟であったと考えられる。『白虎通義』が元気によって生成される天地宇宙を太初から太始と太素へと叙述しているのは、現行本「乾鑿度」のような〝太易〟プラス三気ではなく、太初・太始・太素の三気で一まとまりの概念を表わしていた当時の易緯(「乾鑿度」)のすがたに合わせて表現しているからであろう。また〝太易〟を冠しない渾沌未分の三気を陰陽消息の時間的推移の状態として説いた詩緯もみられる。

陽は本《も》と雄と為し、陰は本と雌と為し、物は本と魂と為す。〔陽は酉仲に生じ、陰は戌仲に生ず。〕雄は〔酉仲〕八月仲節に生じ、号して太初と曰う。行《めぐ》ること三節。雌は戌仲〔九月仲節〕に生じ、号して太始と曰う。雄雌は倶《とも》に行ること、三節。而して雄は物の魂を合わせて、号して太素と曰う。三〔気〕の未だ分別せざる、号して渾淪と曰う(「推度災《すいたくさい》」。『太平御覧』一「天」一、『博雅音』九「釈天」所引の詩緯佚文を考定して点綴)。

「節」とは、宋均の注によれば「節気」の気をいうようである。この詩緯「推度災《すいたくさい》」が陽雄・陰雌・物魂の三元の気の消息を論じていることは、この「推度災」の考えと、さきの「乾鑿度」の気・形・質の三始元の気とをかさねあわせて、天地開《かい》闢《びゃく》を定義した『広雅』釈天篇によって判明する。

「太初」は、気の始めなり。酉仲に生じ、清と濁と未だ分かれざるなり。「太始」は、形の始めなり。戌仲に生じ、清《す》める者は精と為り、濁れる者は形と為る。「太素」は、質の始めなり。亥仲に生じ、已に素朴ありて、未だ散ぜざるなり。三気相い接して、子仲に至り、剖判し分離し、軽き清める者は上りて「天」と為り、重く濁れる者は下りて「地」と為り、中和して「万物」と為る。(『広雅』釈天篇)

曹魏《そうぎ》の太和《たいわ》中(二二七―二三二)の博士、張揖《ちょうゆう》のこの撰著には、当時すでに太易プラス三気の〝四始〟説の出現を見ていたと考えられるにも拘わらず、なお〝三気〟のみを記録にとどめているのである。著述としてはより保守的に、確定した定義を下すべき性質をもつ類書ふう事典としての『広雅』が、当時としての安定した公認の通説にかぎって採録したと考えられ、また〝太易〟の概念が渾沌未分の元気の三状態（「渾淪」）である、生成論としての〝三気〟とは異なった次元のものであったことが、ここに予想されるのである。

ところで、この三気説のみが、後漢において元気の万物生成の元始状態を表現していたのではない。

太素

党錮の禍のあと郡守を歴任して、儀郎に終わった趙咨《ちょうし》は、臨終に際し薄葬を子の趙胤《いん》に遺書した。「夫れ含気の倫《たぐい》、生あるもの必ず終《お》う。蓋し天地の常期、自然の至数なり。……夫れ亡《し》ぬとは、元気の体《からだ》を去り、貞魂の游散し、素に反えり始に復《かえ》り、無端に帰す。既已《すで》に消仆し、還りて糞土《ふんど》に合す」（『後漢書』趙咨伝）と。生物の死亡は、肉体から気魂が散去して、肉体は糞土《つちくれ》に帰するのであるが、気魂は元気の始元へと復帰する、という。その無端にして未分の状態を「始」「素」に返復する、と表現しているのは、すでに存した太始・太素の語を短縮して使用したものと思われる。唐の李

賢がそれに注して、

「元気」は、天の気なり。「貞」は、正なり。「復」は、旋《かえ》るなり。「端」は、際《かぎ》りなり。「太素・太始」は、天地の初めなり。言《いうこころ》ろは、人の既に死するや、正魂は游散し、太素に反り、太始に旋りて、復《ま》た端際なき者なり。(『後漢書』趙咨伝注)

とするのは、魏晋以後の通説をもって解したのであろうが、後漢の当時においてもほぼこのように理解されていたであろう。

三気をセットにせず、緯書から独立して、天地造成の原理を論じたものに、「太素」の用語が使用されていた。張衡の「霊憲」や王符《おうふ》の『潜夫論』本訓篇のごときがそれである。

後漢、安帝・順帝の太史令をながく務めた張衡(七八—一三九)の、天体論「霊憲」は「太素の前、幽清にして玄静、寂漠《せきばく》として冥黙し、為象《かたちづく》る可からず。厥《そ》の中は惟《こ》れ虚、厥の外は惟れ無」(『続漢書《しょくかんじょ》』天文志上、劉昭「注補」引)にはじまる。この宇宙〝本元〟論は、形象をとりえない玄默で虚無の、永久なる「溟涬《めいけい》」界を〝太素〟以前の「道の根」とし、〝太素〟が始めて萌《きざ》して渾沌未分の気と同色の、未形・未紀にして永久なる「厖鴻《ほうこう》」界を、〝太素〟そのものの「道の幹」としている。「道幹すでに育ち、物ありて体を成す。是《ここ》において、元気剖判し、剛柔始めて分かれ、清濁位を異にす」

とあるのを見ると、〃太素〃を従来の「元気」概念によって解していることが判明する。そのあと天地は、内外・陰陽・動静の二元となって、庶類(万物)の育成の条件が備わる。これを〃太元〃の「道の実」としている。

宇宙構造の窮極の原理である道を、あたかも植物の根・幹・実の生成段階とそれぞれの機能になぞらえて説き、その道の実現する時空的な推移のさきに、天地自然が秩序あらしめられて成立する。その道を体現した〃人の精〃聖人が現われて「紀綱して経緯し」世界を統御する。そこには「天路を歩んで、霊軌を定め」ようとした、天体の構造とその運行の法則を把捉しようとする志向がつよい。人道治政の原則を追究する関心は、むしろ薄い。しかしながら、根原にある元始の〃元気〃によって宇宙生成過程を説明してきた従来の生成論を、張衡は一つの〃太素〃状態の段階として相対化して、さらにそれ以前の宇宙のあり方を設定し、虚無なる「道の根」として「道根すでに建ちて、無自《よ》り有を生ず」と説いたのである。宇宙生成の根元を「太極・元気」におくそれまでの構造を、一層ふかめて形而上の本体「無」(「虚無」)に求めているのであるが、これはその最も早い明らかな論説である。

ちなみに、「宇宙」の語は『荀子』(解蔽篇)、『荘子』(知北遊・庚桑楚《こうそうそ》篇)に見えるが、空間世界を「宇」、時間的ひろがりを「宙」として、時空的世界(「天地」)に理解したのは、『淮南子』に注した、後漢の高誘《こうゆう》である(「原道篇」注)。

道と無

この〝無〟の「溟涬《めいけい》」界から〝有〟の元気「太素」界以下が生ずる、という論理は、「常に『玄経』を好んで」揚雄《ようゆう》の『太玄《たいげん》』経を「五経」に擬し、その道数(宇宙自然の理法)の追究に推服していた張衡が、「玄」の思想を沿襲して「渾元の初基、霊軌の未だ紀《おさ》まらざる」(張衡「応間」)そのさきの境域を窮めようとしたところの成果である。揚雄の「玄」を、『易伝』の「太極―両儀」論や『老子』の「道」や『春秋』の「元」の思想と同質視したのは、すでに桓譚の『新論』に見えるようであるが(『後漢書』張衡伝注引)、張衡はそれら根元の概念をあくまで〝有〟世界、実有つまり限有される境域とみて、その奥の本体たる〝無〟世界、限定なき境域を設けたのである。

張衡の親しい友人であった王符《おうふ》は、その『潜夫論』本訓篇で、天人相関思想のもとに統治支配の原理を説いたのであるが、そこで元気と天人の「道」との論理的な関係を追究する〝道気〟論を展開している。

　上古の世、太素の時、元気は窈冥《ようめい》にして、未だ形兆《けいちょう》あらず。万精は合并《がっぺい》して、混じて一と為し、……。

王符も元気「太素」界から宇宙がはじまり、それが「翻然として自化し、清と濁と分別し、変じて陰陽を成す。陰陽は体ありて、実に両儀を生ず」と。両儀の実象は、天と地とであり、その中で「和気は人を生み、以て之《これ》を統理する」のである。そして、天地人の三才が、おのおの専門とする天「施」・地「化」・人「為」のはたらきを異にしつつも、たがいに相補関係をたもつ。人間社会を統理する為政者は、宇宙という自然と人間社会の、窮極の支配原理である「道」に循行し随順することによって、天気を和して三才の功用を遂げしめるのである。

是れ故に、道徳の用《はたら》きは、気より大なるは莫《な》し。道なる者は、〔気〕の根なり。気なる者は、道の使なり。必ず其の根有りて、其の気乃《すなわ》ち生ず。必ず其の使ありて、変化乃《すなわ》ち成る。（本訓篇、汪継培「箋」本に拠る）

この道気論は、張衡のように天体自然の運行に関心の中心をおくのではなく、時務のための経術に通じた著述の一篇であり、人間社会のあり方を論ずるのに熱心である。本訓篇の主旨は、天人感応に果たしている天なる気とそれを用使する天人の理法たる道を論じ、「道を興して(天気の)和を致《もたら》す」治政のあり方に重点がおかれている。したがって、生成論として天地開闢を叙述することに主要な目的は存しない。

本体論としての、「太素の前」の無から「太素」以下の有の世界が生ずるとする考え方は、後漢の宇宙構成思想に大きく刺激を与え、また歓迎されたようである。のち西晋の皇甫《こうほ》謐《ひつ》（二一五―二八二）が『帝王世紀』を編んで、天地の開端〝五始（五運）〟―「太易・太初・太始・太素・太極」を叙述した際、「太素」にかぎって張衡の「霊憲」の冒頭の文を徴引しているのであるが、これから見ても張衡の所論がいかに当時の宇宙論を代表していたかが窺われるのである。

太易と無

「乾鑿度」の〝三気〟は、気―形―質の始元を重視し、万物の祖先を尊重する「太極・元気」思想のあらわれとすると、それは宇宙の生成作用を重大視する気一元論の帰着点でもあった。ところが、おそらく張衡が「霊憲」を論じた前後から〝無から有を生ずる〟論理を導入することによって、それまでの気一元の気―形―質という、万物生成過程を一括して「有」限相対世界として「無」限絶対世界に対置し、その形而上なる本体のもとに、現実の相対宇宙の秩序に絶対不変の存在の根拠を得ようとしたもの、と考えられる。「太易」の概念はそのようにして獲得せられたにちがいない。

現行の易緯「乾鑿度」の上・下巻ともどもに「夫れ有形は無形に生ず。〔則ち〕乾坤は安《いず》くより生ずる」と問うていて、両方とも〝四始〟（「太易・太初・太始・太素」）を挙

げて、

「太易」なる者は、未だ気を見《あら》わさず。「太初」なる者は、気の始め。……

として、「太易」プラス三気となっている。これに、鄭玄のものとされる「乾鑿度注」によると、「其の寂然として無物なるを以ての故に、之を名づけて太易と為《い》う」(上巻注)、「太易の始めや、漠然として気の見《あら》わる可き者無し」(下巻注)という。〝三気〟のかみに「未だ気を見わさざる」まえの「寂然たる無物」を設定することによって、〝道気〟論に「無」概念を導入し結びつけることに成功したのである。後漢後期、すでに〝無形から有形へ〟の「無」を絶対の本体とする観念が浸透していったと考えられる。

『淮南子』には、『老子』をうけて「有(有形)は、無(無形)に生ず(出《い》づ)」(原道・説山の両篇)または「有は無に生じ、実は虚に出《い》づ」(原道篇)といった表現が見えるが、これが以上のような宇宙生成の論と結びついて、その生成の原理を問うことを自覚した存在論は、鄭玄と同時代の高誘《こうゆう》において顕著にあらわれる。一例を示すと、「稽古の太初、人《ひと》は無より生じ、形《かたち》を有に〔成す〕。形《かたち》有りてこそ物に制せらる」(『淮南子』詮言篇)の現行本「詮言《せんげん》」篇にとどめる許慎の注「鴻烈間詁《こうれつかんこ》」にはそれがなくて、後漢末の建安中(一九六―二一九)に著わされた、高誘の注「鴻烈解《かい》」の部分には、

太初に当たり、天地の始め、人は無形に生ず。無形は有形を生ずるなり。（『太平御覧』一「太初」引）

と見える。さきの「原道・精神・説山」の諸篇にも高誘はいちいち明確に「無形より有形を生ずる」と説明しなおし、相対的・限定的な存在の奥に、時空を超越した無限の境域を説明しようとした点で、現行本「乾鑿度」の「夫れ有形は無形に生ず」と完全に一致した注釈を、一貫して施しているのである。ちなみに、高誘は、「道」についても、「無形」の本体と解している。

「無有」とは、無形なり。「道」は、無形。無形なれば、「道を得」と言う。（『呂氏春秋』審分篇注）

後漢後期に一般化したと思われる、この〝有形は無形に生ず〟とする存在論は、宇宙生成の根元を問う生成論といかにからみあっていたか。「乾鑿度」でいえば、「太易」からいかにして三気（「太初・太始・太素」）が生ずるか、の問題である。つまり「無」形から元気が発生する論理を問うことにある。気・形・質の三始元の状態は、もともと物体の分化する以前の渾淪（渾沌）の世界である。そのまた上位の絶対境域である、無形無物の「太易」がおかれたのであるから、そこからどんなコースをたどって天地宇宙（「乾坤」）が発生するのか。この設問に答えたのが、ほかでもなく「忽然と

して自生する」説の提起であった。鄭玄が「乾鑿度」の「太初なる者は、気の始めなり」に注して、

　元気の本始する所。「太易」は既に自《おのず》から「寂然《せきぜん》として無物」なり矣。焉《いずく》んぞ能く此の「太初」を生ぜん哉《や》。則ち「太初」なる者は、亦た忽然として自生す。

「無物」たる本体から、有形有物の相対世界を発生せしめる能力はもとより有しない。「有」と「無」との関係はこのように截然と隔絶している。天地の有物は、忽焉として突如そのものが自然必然的に発生する。無形を存在の根拠におく「無―有」の存在論は、元気〝三気〟系の気一元論をこのような論理によって包覆しようとしたのである。

この、「忽然自生」説、いいかえれば魏晋に発展した「無」の存在論は、その発生をこの鄭注本「乾鑿度」に求めることによって、揚雄の「太玄」や張衡の「霊憲」から脈絡をたどって、後漢期の生成論の展開のありさまを見出すことができる。

有と無

いったい、〝有〟と〝無〟との関係をとりあげて、現実の相対世界を認識する問題をあつかったのは、老子・荘子などいわゆる道家であった。『老子』などの用語を吟

味すると、「無形・無象・無名」から「無色・無門・無朕・無親」のようにおしなべて、非存在の意味の〝無《ない》〟ではなく、はっきり把捉し所有できる一定の形状のある〝有〟に対して、時処位において限定できない無限の境域(〝無〟)を意図的に対照させる論法をとっている。彼らは、確保しうる相対〝保有〟の世界と、具体的には規定できない無限定〝無方無算〟の世界との対比で、有と無を論じているのである。

『老子』の「天下の万物は、有に生じ、有は無に生ずる」(第四十章)とか荘子の「有は、有をもって有となすことは不可能、どうしても無有から出る以外にない」(『荘子』庚桑楚篇)とかの〝無〟〝無有〟が、前述の高誘や鄭玄の解釈によって、万物を生出する「有」物とその本体としての「無」物との関係が自覚されるようになった。それを本末思想に組みかえたのが、何晏《かあん》・王弼《おうひつ》らの貴無論である。時代は、すでに分裂国家の三国、魏《ぎ》の正始《せいし》年間(二四〇―二四九)に入っていた。

何晏(一九〇―二四九)の「無」は、視聴を超えた寂然「虚静」の、物質をもたぬ世界こそ、万物を化生させる「有」世界をあらしめる本体である。聖人は、この「無」を体現しその権威によって、社会秩序の根拠たりうる。かくて天と人とを統括するものとしての「無」の本体論を儒教の経術に導入したのである。

さらに王弼(二二六―二四九)は、無―有を、本末の関係でとらえた。さきの『老子』

第四十章を解釈して、

天下の物は、皆な有を以て生と為す。有の始むる所、無を以て本と為す。有を全《まっと》うせんと将欲《ほっ》すれば、必ず無に反《かえ》るなり。

と。このように、個別限定の現象・作用から何ものにも限制されない無規定の本体・理法をきり離して対置し、「本を挙げて末を統ぶ」(『論語釈疑』)思想によって、本「無」とそのかなたに生出する万「有」万物とを、本末・母子の関係においたのである。

また、「天地は大いに万物を富有し、雷は動き風は行き、運化万変すと雖も、寂然至無、これ其の本なり矣」(『周易』復卦「彖伝」注)は、変化窮《きわま》りない天地万物に対して、その本体の「無」は静寂不動であるとし、本体があってこそ、個々の現象が存在する。この本末の考え方は、中国思想の特徴の一つとなるもの、のちに仏教思想を受容する歴史のなかで、〝体・用〟の範疇に発展するものであった。

かくて、現実社会において発揮される孝悌・仁義といった儒教的な各個の末梢の徳目は、「無」や「道」という根本的徳目によって秩序あらしめられ、末「有」の臣僚・万民は、本「無」の天子という唯一絶対の権威に統御されるのである。もっとも、この貴無論を駁した、西晋《しん》の裴頠《はいぎ》・郭象《かくしょう》らの崇有論が、儒道両思想の習合といわれ、名教「自然」論をもたらしたこともまた著名なことがらである。

15 人間史のこと

宇宙自然と人間社会とを包みこんで、世界を時間的・空間的に叙述する。これは、人類が地球上、天地の間にあって、ある一定の段階に達したのちに、起こってきた反省の所産である。

人間史の開幕から同時代までの歴史を記録した、中国大陸における著述は、『史記』百三十篇をさしおいてその開端の位置に立つものはない。この修史の事業については、すでに紹介した(第8章)が、それは「五帝本紀」を篇首とする黄帝の事績から、太初年間(前一〇四―前一〇一、前漢・武帝)におよぶ「二千四百一十三年」(張守節『史記正義』論史例)にわたった、人間社会の記述である。

この、人間史『史記』は司馬遷の没後まもなく、うち十篇ばかりの残欠部分を生ずる。それと併行して、褚少孫《ちょしょうそん》をはじめ数家をかぞえる補続者によって、前漢末までの史実の記録が続増されていった。班彪・固父子らの漢代史の編述も、いわばその続編の位置にあたる。

しかるに、人類生活の肇《はじ》まりを太古にむかって遡《そ》源《げん》させ、累加的に記事を増補することは、漢魏をつうじて行なわれた形跡がない。その人間社会を統治した開祖を、いっそう遡った原始の〝三皇《さんこう》〟とみなして、その「三皇本紀」を〝五帝〟に加上させたのは、唐《とう》も中宗以後の、司馬貞《てい》(六八四—七四一?)の「補史記」であった。彼は、それを晋の皇甫謐《こうほひつ》(二一五—二八二)の『帝王世紀』や三国・呉《ご》の徐整《じょせい》の『三五歴記《りゃくき》』を史料にして復元したのであり、その通代の歴史〝通史〟のモデルとなったのは、譙周《しょうしゅう》(二〇一—二七〇)の『古史考』であった、と考えられる。つまり「古史」群を活用したのである。

「古史」

この「古史」とは、魏晋このかた、当時に流行していた〝通史〟の著述要請にこたえうる史籍である。太古の伏羲《ふっき》・神農といった〝三皇〟以来の、人類生活に文明を開いて衆庶を教導した帝皇の事績、それらを年代記的に記録した文献群である。

これら「古史」に共通する特徴は、帝王ごとの世紀、年立てにすれば年紀となって、〝紀〟の名称の編年体をとる編述である。さきの「古史考二十五巻　晋義陽亭侯譙周撰」(『隋書』経籍志・史部「正史」)や「洞紀四巻　韋昭撰　記庖犠已来、至漢建安二十七年」「帝王世紀十巻　皇甫謐撰　起三皇、尽漢魏」(同上「雑史」)などを指す。これらは、歴術の知識を活かして、年月日の歴表を軸に事件を記入して編集した「長編」のたぐいで、年暦には前掲の『三五歴記』などが、上古以来の通史の編述に資していた。これらの編著は、およそ魏晋の交から後の制作にはじまる。

通　史

『漢書』による断代史の完成は、のちの王朝史の楷範となるが、一方、後漢末期、荀悦《じゅんえつ》(一四八—二〇九)によって『漢紀《かんぎ》』が編成された。時日を追って推移する、統治者の事績のうごきに忠実なこの史体が、かえって六朝を通じて盛行した。

魏の秘書監として著録される荀悦は、後漢・献帝(一八九—二二〇在位)の要請で『漢書』首篇を約省し、三十篇の『漢紀』に編成した。〝帝紀〟のみに総括し、帝王の事績を中心に、年代記ふうに時事を叙述し、のちのいわゆる「通史」の体を創始した(『漢紀』目録幷序、同巻一序論)。これは、言いかえれば、本紀の単行、つまり紀伝体から列伝を排除することであって、外戚・臣僚・庶民の列伝を「史漢」のごとく、一概に本紀と対蹠する位置におくことを許さない史体である。編年体「通史」の成立は、強大な豪族の、劉漢帝国からの自立―全国に君臨した統一政権の相対化が進む趨勢、それを反映しているのである。

　南北朝を通じて彼ら中世貴族の自立政権は、みずからの事績を国史(のちの正史)の列伝中に配していくのではなく、「家《か》伝」に、「別集」に、また地域文化史的な「先賢伝」「耆旧《ききゅう》伝」に記録し、獲得した政権については各国「春秋」のかたちで、それぞれ独立した史籍に、著述していった、とみることができる。隋唐統一国家の再現ののち、『隋書』経籍志に見えるような、これらの文籍が、あるいは「雑史」「雑伝」に、あるいは「覇史」に、分属されているが、かえって魏晋南北朝の史的事実からははずれたものとなっている。

　さらに、この『漢紀』のごとき、すべて帝紀として総括される王朝の世紀・年紀ふうの著述が、いっそう飛躍して、太古から当代におよぶ通史として編成されるに至るのは、王朝断代を要求した劉漢帝国の制約から脱して、自由に遡源的に自己の王朝を系譜づけ、政権交代を合理的に説明することを可能にした、現実の変化がすでにその背後にあったことを意味する。

『帝王世紀』

皇甫《こうほ》謐《ひつ》の『帝王世紀』の制作は、帝紀である『漢紀』の体例を借用した（『玉海』四七・芸文「編年」引「中興館閣書目」）。また一方、謐が、太古の事績を加上して通代の歴史にしたてたのは、さきに挙げた譙周の『古史考』などであろう。

『古史考』についていえば、当時の記録纂修の官に衝動をもたらした、かの編年体の原型である汲冢《きゅうちょう》書『竹書紀年』の出現がある。太康元年（二八〇）に世に知られた、戦国魏《ぎ》（梁）の襄王または安釐《あんき》王のものに擬定された汲郡の東周墓から出土した、大量の〝汲冢書〟、その一部にいわゆる「竹書紀年」があった。これは、いっそう〝古史〟の史実と編年（年紀・世紀）「通史」の体例との結合を密接なものにしたであろう。

司馬晋《しん》の泰始年間（二六五―二七四）に秘書郎となった司馬彪《ひょう》（？―三〇六）は、当時に完成をみたばかりの『古史考』を参照しつつ、後漢一代の断代史『続漢書《しょくかんじょ》』八十三巻を編修していたが、彪はそれに併行して、この『古史考』をも改訂していった（『晋書』司馬彪伝）。

すなわち、儒家経典にもとづいて『史記』（司馬遷撰）そのものを糾謬《きゅうびゅう》したといわれる、譙周の書『古史考』を、司馬彪がその書の成立後わずか十年ほどのちに出土した〝汲冢紀年〟を根拠として、さらにその史実の一いちを改めようとした。この事実は、

「紀年」の書法とその記事内容を典拠として、譙周の書(『古史考』)の体例と記述をも改訂するのを至当と考えたことを意味する。それには、編年体をとる戦国諸侯の史記(史官による政事記録)が、まのあたりに出現したことによって、『春秋』経が、その体裁において魯の史記であることがあらためて確認されて、史籍と経典(『春秋』)との形態ないしは義例のうえでの一致を証明したことが、その基礎にあったことに拠ろう。「紀年」こそは、経書『春秋』と同質の文献である、と。

三、四世紀の交にこの事実の存在したことは、六朝・隋唐の経学と史学を考えるうえで看過できない事件であった。かの、三国・呉を平定した征南将軍杜預《どよ》(二二二―二八四)は、みずからの『春秋釈例』と『春秋経伝集解』を完成させて「春秋経」を分年して『左氏伝』に附配し、はじめて経と伝とをたがいに照応するようにさせたのであるが、同時に新出土の汲冢書を調査している。その汲冢竹書「紀年篇」について「その著書の文意はほぼ「春秋経」に似ていて、古代の国史著述の常態がわかる。その内容は「左伝」に符合し「公羊・穀梁」とはくい違いがある」と記している(太康三年・二八二「経伝集解後序」)。

後漢のすえに、紀伝体の『漢書』を、年暦をたて軸にとって帝王の事績を年月ごとに繋《か》ける編年史に組み替えたこと、つまり帝紀の編年「通史」が新たに流行しだしたのである。が、西晋の後半においてこの史体が、経書の体例に合致することを発見したことによって、記事と体例(義法)の両面から〝古史〟の権威を定立させたのである。

(注) 唐代初期の『隋書』経籍志による「史部」の分類とその小序は、六朝期の史書編集の事情を忠実に反映しているとは、考えにくい。編年の帝紀ものは、主として私家の修史のかたちで、六朝に盛行したものであったが、『隋志』では、それが「古史」「霸史」と「雑史」とに分別されて著録されている。隋唐の際の官修「目録」の分類と、後漢末・魏晋の著述の実相との、ずれと言わざるをえない。

唐の司馬貞は、帝紀もの、とくに『帝王世紀』を愛用した。この書が、六朝期を通じて大いに活用されていたのを、保守的に反映させているのである。

人類史の開始このかた、現王朝に及ぶ通代の歴史に「通史四百八十巻　梁武帝撰。起三皇、訖梁。」の浩瀚が、『隋志』正史篇に著録されている。この著述は、現代までの歴史の積層を解明する要求に応じた史籍の集成であったのであるが、この書に天地の太初から「三皇」以来の古史史料を提供したのは、ほかでもなく、のちに司馬貞の活用した史料群である。それは「徐整三五暦紀、万歳暦、皇甫謐帝王世紀、何集続帝王世紀、帝王代紀、帝系譜、史系、古史考」などである(『太平御覧』経史図書綱目による)。

この『帝王世紀』をはじめとする〝古史〟が、魏晋期いらい盛行した理由の一つは、これらの文籍をとおして歴史的社会の生成のすがたが、完全なイメージのもとに、簡要な内容として与えられたことに拠ろう。人間史の開幕の説明と帝紀とを「通史」として統一することに成功したことである。そこには、説話としての天地開闢《かいびゃく》伝説の完成ではなく、人間社会の文明の歴史を遡源した、人類の根原の状態を、明確に描いてみせたからであった。

五運と三皇

『帝王世紀』は、徐整の『三五歴記』をもあわせ伴って、簡便に網羅的に、古典的な宇宙生成論と帝王統治の世紀を、継ぎ合わせて成っている。

天地未分、これを「太易」と謂う。元気の始萌、これを「太初」と謂う。気・形の初め、これを「太始」と謂う。形の変じて質有《あら》わる、これを「太素」と謂う。

太素の前、幽清寂寞、象《かたち》を為すべからず、惟れ虚、惟れ無。……質・形すでに具《そなわ》る、これを「太極」と謂う。……

天地の開闢するや、天皇氏・地皇氏・人皇氏有《あら》わる。……天地の闢設するや、人皇以来、魏の咸熙二年(西晋・武帝、泰始元年にあたる。二六五)に迄《いた》るまで、凡そ二

百七十二代、積みて二百七十六万七百四十五年。……

これが、『帝王世紀』冒頭の文章である。宇宙生成のすがたと人間史との結合は、ひとまずこれで完結をみたのである。

ちなみに、天地開闢より『春秋』魯公の哀公十四年（前四八一）の「獲麟」（第12章を参照）までを、二百七十六万歳、とするのは、経書には見えない緯書説である。後漢、熹平《きへい》四年（一七五）の蔡邕《さいよう》（一三二―一九二）の暦数議にあらわれる「春秋緯」の所説（『続漢書』律暦志中二、『宋書』暦志一など）。かの「三皇本紀」の末尾にも「春秋緯称―」としてこれを補記しているが、すでに『広雅』釈天篇に、漢魏の事典記事として定着しているのである。

「古史」と言い「通史」と称するこの史体は、かくて後漢に興起した経学史観とも称すべき、三皇・五帝の帝王統治を重ねあわせた礼教国家的歴史観をベースにして、細密な暦数の操作を加えた緯書説による年代観を軸にして、成立したことが理解される。

また以上の、宇宙と人事の総合的な世界のありさまを、経学史のうえで描写したのは、現在に伝わる文献として、『礼記正義序』および『礼記』大題「正義」（前半部分）に見えるのが著名である。それは、唐初の、孔穎達《くようだつ》らが六朝期「注疏」を整理し総合した、当時の王統な経書解釈である。

ひるがえって、わが国の〝正史〟『日本書紀』に言及しよう。その名称において、六朝・宋の范曄《そうはんよう》(三九八―四四五)のいう「書紀」「書列伝」の両部分にわける史体のうち、その「書紀」つまり本紀のみを採る体例を標示した、とする説(『釈日本紀』―「開題」所引)によるならば、『書紀』は、うえに述べた帝紀もの、の「通史」に、まぎれもなく合致する史体の歴史書ということになろう。

そして、内容においても、そのかみ、人間史の肇まりに現われる神々たちは、もちろん中国における文明の創始者、三皇・五帝に照応させようとする、文明世界にみちびく行為者として、描かれる。

さらに、「通史」の史体を模擬して決定的な体裁をとるのは、『書紀』開巻の冒頭にある、かの有名な天地創造の一文である。

古、天地未剖、陰陽不分、渾沌如雞子、溟涬而含牙、及其清陽者、薄靡而為天、重濁者、淹滞而為地、……

いにしえに、アメ・ツチ未だ剖《わか》れず、メ・オ分れざりしとき、マロカレたることトリノコの如くして、クグモリて芽《きざ》しを含《ふふ》めり。それ、清《す》み陽《あきら》かなる者は、薄靡《たなび》きてアメとなり、重《かさ》なり濁れる者は、淹滞《つつい》てツチとなるに及びて、……

このように、天地開闢のさまを冠する史体が、魏晋このかた六朝期「通史」の常例であったことは、以上の説明で明らかであろう。『書紀』は、その体裁を踏襲したまでである。しかも、その典実となった文献こそ、うえに列挙した「古史」、徐整の『三五歴記』であり、伝存していたならば、おそらくは梁の武帝の撰集した、緯書をふんだんに引き、『帝王世紀』を活かした『通史』などであった、であろう。あるいは、遡って前漢『淮《え》南子《なんじ》』天文篇の文章をその所拠とのみ限ることは、適当ではない。

中国思想

本講座を終えるに当たって、ごく概略ではあるが、中国思想と名づけるものがあるとすれば、その特徴はなにか、を付け加えてみたい。

三千年の歴史をつうじて、絶えることなく進展しつづけた中国思想の営み、それを全体として把握することは、容易なことがらではない。あえてその特徴を、現代の時点から求めようとすると、それは人倫規定と教学思想の豊かさ、というところに帰着するであろう。

人倫規定とは、いわゆる人間の本性を問うことをふくめての、人間関係論であり、教学思想とは、聖王・聖人の教えを真理の源泉とし、非人格的な天や道といった超越的な観念を世界の存在原理として、政教つまり政治道徳の実行をめざす考えである。その多くは〝士人〟と称された統治者がわに立つ官僚知識層の、民衆を治める実施方法〝政術〟として、あるいは彼らがその上《かみ》にいただく〝君主〟に需《もと》める道徳的実践の心得《こころえ》として、表現されてきた。したがって、哲学に固有の認識論や存在論、また人性論も、いわばこれら政治・社会思想とその実施方法をともなうなかで、展開している、と言いうる。

具体的には、儒学思想と、黄老道家から変貌した老荘思想と、の二本のふとい柱がつらぬき、そのあいだにあって伝統的な天下国家観と名分思想が形成され、またその社会に生きる個人と家族の〝処世〟行為すなわち日常実践の方法が説かれてきた。

ここで取りあげた古代中国につづくところの、中世世界には仏教と道教に代表される人生哲学が大きく加味されて、その人倫・政教の内容をいっそう多彩にしていった。

中国人の話す言語は、感覚的・具象的なイメージを表象するはたらきに優れた、単音節語を基礎にしてできている。単音節は、漢字の一字で表記され、一つ一つの感覚や形象にみあった無数の漢字がつくられた。また、孤立語のもつ特長をいかして、二音節の連語をつくり、その語構成や語と語の連結、言いかえれば音声のリズム、に鋭敏な言辞—文字の配列にきわめて敏捷に反応する文章、をはぐくんだ。

この事実は、「山川(環境)」「軽重(重要さ)」「遠近(距離)」のように、一事象を二つの側面・要素からとらえる表現を生みだし、そこには全体を対称的な二者によって双方同次元において包括する思考を映しだした。これは、陰陽思想に象徴されるように、すべての物ごとを相互補完的に対応しあうという、矛盾の対立としてではない〝対待(相対的)〟関係において、ものごとを見てゆこうとする考えを容易にした。

さまざまな組み合わせによる二元が反発と相即をくりかえす間に、現実の自然と社会の事象は、多種多様に分化し類別される。分類は、他方で整合を索《もと》めるものである。中国思想は、このばあい多様を抽象して類種の概念化をかさねる方向には進まず、抽象思考の操作は真実から遠ざかるもの、としてそれを好まないで、事象に即した秩序の論理が優先した。三綱五常の人倫規定とか六典《りくてん》三百六十官の職官組織といった総括のきまりがそれである。それはまた、術芸上の組み替えをも可能にしている。

その秩序の論理に、もともと物質的自然を基本に考案された陰陽五行のもつ、〝終復(円環運動)〟と〝消長〟の変化のきまりが絡み合わされて、人の世界のあらゆる現象は天のものなる自然の運動原理に、合則的または神秘的に、複雑に照応し感応しあうという、〝天人合一〟の関係をつくりだした。

この、中国の伝統思想に重みをたもちつづけた〝天人合一〟思想は、自然の運行——天の道に随順することによって、社会・人間とりわけ政教世界の不安を解決しようとするところの、人間関係論を主軸とするものであった。したがって、この人倫道徳や名分思想の豊かな展開に比して、客観自然を人間と対置させる科学的思考の伸長には、つねに抵抗がともなった。

古代中国思想史年表

	帝王	西暦	事項	参考
殷	湯王	BC 一六〇〇?	夏の桀王を亡ぼし帝位につく。 **占卜の支配する時代。自然と王国とを支配する上帝＝天概念の発生。**	この頃、ミケーネ文化の盛時。
	盤庚	一三〇〇?	殷王期(一三〇〇?〜一〇五〇?)、殷墟(安陽県小屯)に移る。 ◇甲骨文字	西周王室 古公亶父—太伯・虞仲・季歴 季歴—文王(姫昌) 文王—(1)武王・周公(旦)・召公(奭) (1)武王—(2)成王(3)康王…
西周	武王	一〇五〇?	殷の紂王を亡ぼし周王朝をたてる(首都・鎬京)。 **秩序概念の発生。氏族連合から王朝による支配へ。**	
東周	平王	七七〇	都を雒邑(河南省洛陽)に移す。これ以後、**春秋時代**(七七〇〜四〇三)。周王朝の権威、次第に衰える。	ローマ帝国建国(七五三?)。
		七二二	『春秋』の記事、この年より始まる。	
	襄王	六五一	斉の桓公(六八五〜六四三在位)、覇者となる。	
		六三二	晋の文公(六三六〜六二八在位)、覇者となる。	
	定王	六〇〇?	『詩』『書』、この頃までに成立か。	

王	年	事項	
東周　景王	五三六	鄭の子産、成文法を鼎に鋳込む。	この頃、ウパニシャッド哲学興る。
敬王	五一三	晋の范宣子、刑鼎を鋳る。	
	五〇一	孔丘(孔子)、魯の司寇となる。	
		鄧析(?~)没す。	
	四九七	孔丘、魯を去り諸国歴遊(~四八四)を開始。	
	四八〇	『春秋』(公羊)の記事、この年で終わる。	釈迦没す(四八六?)。
		◇魯の三桓、この頃勢力最も盛ん。	
	四七九	孔丘(五五二~)没す。	第一回仏典結集(四七七?)。
		◇顓孫師(子張、五〇三~)	
孝王	四四〇?	言偃(子游、五〇六~)没す。	ローマ十二表法(四五一~四五〇)。
	四三五	曾参(五〇五~)没す。	
	四三一	孔伋(子思、四九二?~)没す。	
	四二〇?	卜商(子夏、五〇七~)没す。	
		◇『論語』、この頃成立か?	
		◇墨翟	
威烈王	四〇三	三晋それぞれ独立し、おのおの韓・魏・趙として諸侯に列す。これ以後、**戦国時代**(四〇三~二二一)。**諸子百家の活動期に入る。**	ソクラテス没す(三九九?)。
安王	三九五	李悝(四五五?~)没す。	
	三八六	斉の田氏、その主君に代わる。	
	三八一	巨子・孟勝の率いる墨家百八十余名、楚で集団自決。	

東周			
安王		後継巨子に田襄子。	
		呉起(四五五?～)没す。	
顕王	三三八	商鞅(三九〇?～)刑死。	プラトン没す(三四七)。
	三三七	申不害(三八五?～)没す。	
	三三三	蘇秦の合従策成る。	
慎王	三二〇	孟軻(孟子)の諸国遊説、この年より始まる(魏=三二〇～三一八、斉=三一八～三一二)。	アリストテレス没す(三二二)。
		孫臏(三八〇?～)没す?	
		『春秋左氏伝』、この頃成立か?	
赧王	三一五	慎到(三九五～)没す。	
	三一一	張儀の連衡策成る(同年中に瓦解)。	
		◇三墨の分裂	
		◇関尹、老聃	
		◇楊朱、子華子、詹何	
	三一〇	恵施(三七〇?～)没す。	
	二八九	孟軻(三七二～)没す。(一説に三九〇～三〇五)。	
	二八六	荘周(三六九～)没す。	
	二八〇	魏牟(?～)没す。	
	二七八	屈原(三四〇～)没す。	マウリア朝アショーカ王即位(二七三)。
	二六〇	陳仲(三六〇～)没す。	
	二五七	侯嬴(?～)没す。	

東周			◇鄒衍、鄒奭 ◇宋鈃、尹文、田駢の活躍。
	恵公	二五五	荀況(荀子)、蘭陵の令となる。
		二五〇	公孫龍(三二〇?〜)没す。
		二三九	『呂氏春秋』成る。
		二三八?	荀況(二九八〜)没す。
		二三五	呂不韋(?〜)没す。
		二三三	韓非(二八〇?〜)没す。 **この頃より、天人相関思想の傾向顕わる。陰陽五行説の流行。**
秦	始皇帝	二二一	嬴政、天下を統一して始皇帝を称す。
		二一三〜二一二	李斯の奏言により、焚書坑儒を行い、挟書律を定める。
		二一〇	嬴政(始皇帝、二五九〜)没す。
	二世皇帝	二〇九	陳勝(陳渉)挙兵し、楚王を称す。
		二〇八	李斯(?〜)没す。
	三世皇帝	二〇六	秦亡ぶ。
前漢	高祖	二〇二	漢王劉邦、垓下の戦にて項羽を破り、皇帝となる。
	文帝	一九一	**挟書律を廃止。この時代、黄老思想顕わる。**

前漢		
文帝	一七九?	陸賈(?～)没す。『新語』『楚漢春秋』
	一六八	賈誼(二〇〇～)没す。『新書』 ◇申培、韓嬰、伏生、田何〔経学者〕
景帝	一五四	呉楚七国の乱。
	一五〇	周亜夫、丞相となる。 ◇轅固生、胡毋生、高堂生〔経学者〕
武帝	一四〇	年号の始め(建元元年)。
	一三九	張騫、西域に派遣される。
	一三六	**董仲舒「対策」により五経博士を置き、儒学を国教と定める。**
	一二二	淮南王劉安(一七九～)、自殺。『淮南子』
	一二一	公孫弘(二〇〇～)没す。
	一一七	司馬相如(一七九～)没す。
	一一〇	司馬談(?～)没す。
	一〇四	太初暦の制定(司馬遷も参画)。この頃、董仲舒(一七六?～)没す。『春秋繁露』「賢良対策」
	一〇三	兒寛(?～)没す。
	九九	李陵、匈奴に降る。
	九三	東方朔(一五四～)没す。
	九一	司馬遷『史記』成る? 巫蠱事件。
昭帝	八六?	司馬遷(一四五～)没す。

		八一	塩鉄専売の論議起こる。	ローマ、第一次三頭政治(六〇)。カエサル暗殺(四四)。キケロ殺される(四三)。
	宣帝	五一	石渠閣で五経の異同が議論される。	
	元帝	三七	京房(七七〜)没す。 **儒学系官僚の進出が顕著。**	
	成帝	八	劉歆「七略」を奏す。	
	哀帝	六	劉向(七七〜)没す。『説苑』『列女伝』	
新	王莽	AD 八	王莽、自ら新皇帝を称す。	イエス刑死(三〇)。この頃、マヌ法典成る。セネカ没す(六五)。
		一八	揚雄(前五三〜)没す。『法言』『太玄』 赤眉の乱起こる。	
		二三	劉歆(前五三?〜)、王莽(前四五〜)没す。新亡ぶ。	
後漢	光武帝	二五	光武帝(劉秀)即位。	
		五四	班彪(三〜)没す。	
		五六	桓譚(前二四〜)没す。『新論』 **この時代より讖緯説が布及。**	
	明帝	六八	仏教伝来? 白馬寺建立。	
	章帝	七九	白虎観で五経の討論行われる。	
	和帝	九二	班固(三二〜)獄死。『白虎通義』『漢書』	
		九七?	王充(二七〜)没す。『論衡』	
		一〇〇	許慎『説文解字』完成。	

王朝	皇帝	年	事項	
後漢	和帝	一〇一	賈逵（三〇〜）没す。『左伝解詁』『国語解詁』	
		一〇二	班超（三二〜）没す。	
	殤帝	一〇五	蔡倫、紙を発明する？	
	安帝	一一〇	馬融、この頃秘書閣で今・古文諸本の校合を行う。	
		一一七？	班昭（曹大家、四五〜）没す。この頃、班昭により『漢書』完成。	
		一三九	張衡（七八〜）没す。『周官解詁』	
	順帝	一四七？	許慎（五八？〜）没す。	
	桓帝	一六六	党錮の事件起こる。大秦《ローマ》王安敦の使者来る。 馬融（七九〜）没す。〔諸経の注〕	この頃、クシャーナ朝カニシカ王即位。
	霊帝	一七〇	崔寔（？〜）没す。『政論』	
		一七五	石経を太学門外に建てる（熹平石経）。 王符（？〜）没す。『潜夫論』	
		一八二	何休（一二九〜）没す。『春秋公羊解詁』 **この頃、道教の源流＝五斗米道・太平道起こる。**	
		一八四	黄巾の乱起こる。後漢国家、衰亡に向かう。	
	献帝	一九〇	荀爽（一二八〜）没す。	
		一九二	蔡邕（一三二〜）没す。盧植（？〜）没す。	
		二〇〇	鄭玄（一二七〜）没す。『三礼注』『毛詩鄭箋』その他諸経と緯書の注。	

時代	皇帝	年	事項	世界
		二〇一	趙岐(一〇六?〜)没す。『孟子注』	
		二〇八	赤壁の戦。孔融(一五三〜)没す。	
		二〇九	荀悦(一四八〜)没す。『申鑑』	
		二一七	徐幹(一七〇〜)没す。『中論』	
			王粲(七七〜)没す。	
		二一九	仲長統(一七九〜)没す。『昌言』	
三国時代		二二〇	魏王曹丕、帝を称し、漢亡ぶ。 **この頃より老荘思想の流行。清談の風起こり、西晋に至って最も盛んとなる。**	ササン朝ペルシア興る(二二九)。 この頃までに後期ウパニシャッド成立。
		二四九	何晏(一九〇〜)没す。『論語集解』	
			王弼(二二六〜)没す。『周易注』『老子注』	
		二五〇	杜瓊(?〜)没す。	
		二五六	王粛(一九五〜)没す。	
		二六二	嵇康(二二三〜)没す。『養生論』	
		二六三	阮籍(二一〇〜)没す。	
			◇竹林の七賢	
西晋	武帝	二六五	司馬炎、魏を亡ぼす。	プロティノス没す(二六九)。
		二七〇	譙周(二〇一〜)没す。『古史考』	
		二七三	成公綏(二三一〜)没す。	
		二八〇	占田法・課田法の発布。	
		二八二	皇甫謐(二一五〜)没す。『帝王世紀』	
		二八三	山濤(二〇五〜)没す。	

時代	皇帝	年	事項	
西晋	武帝	二八四	杜預（二二二〜）没す。『春秋経伝集解』	
		二八六	月氏の僧・竺法護、晋に来たり『正法華経』等二一〇部を訳す。	
	恵帝	二九七	陳寿（二三三〜）没す。『三国志』	
		三〇〇	八王の乱起こる。	
			張華（二三二〜）没す。『博物志』	
			裴頠（二六七〜）没す。「崇有論」	
			◇鮑敬言「無君論」	
		三〇三	束晳（二六一〜）没す。	
		三〇四	竺法寂・竺法蘭、『放光般若経』を訳出。	
			楽広（?〜）没す。	
		三〇五	王戎（二三四〜）没す。	
		三〇六	司馬彪（?〜）没す。『続漢書』	
	懐帝	三一〇	仏図澄、洛陽に入る。	
		三一一	王衍（二五六〜）没す。	
		三一二	郭象（二五二〜）没す。『荘子注』	〈ローマ〉キリスト教公認（三一三）。
	愍帝	三一六	西晋亡び、五胡十六国交ごも起こる。	

本表の作成に当たっては、一九六七年大修館書店刊・中国文化叢書3『思想史』所掲のをもとにして、この印刷教材の利用者諸兄の便宜を考慮し、内容を増補・改訂した。思想家の生没年は、主として姜亮夫纂定・陶秋英校『歴代人物年里碑伝綜表』（中華書局、一九五九）に拠った。

参考文献

以下に掲げる参考文献の選択対象は、一般の学生諸兄の閲覧の便宜を考えて、単行書のみに限定し、雑誌・紀要のバック・ナンバー等に所載の論文類は、割愛した。

1 〝仁〟と孔子

〔原典など〕

論語集解　一〇巻　魏　何晏(古注)

論語義疏　一〇巻　梁　皇侃(一九二四、活字本)

論語集注　一〇巻　宋　朱熹(新注)

四書訓蒙輯疏　二九巻　安部井褧(一八四三刊)

論語正義　二四巻　清　劉宝楠

論語古義　(四書註釈全書3)　一〇巻　伊藤仁斎(一七一二原刊、一九七三)

論語徴　(四書註釈全書7)　一〇巻　荻生徂徠(一七三七原刊、一九七三。また、みすず書房刊『荻生徂徠全集』3・4所収)

論語集説　(漢文大系1)　安井息軒　冨山房(一九七二再刊)

論語示蒙句解　(漢籍国字解全書1)　中村惕斎

国訳論語　(国訳漢文大成)　服部宇之吉

論語新釈　（昭和漢文叢書）　宇野哲人　（また、一九八三刊・講談社学術文庫）
〔訳注〕
論語　（筑摩叢書）　武内義雄　筑摩書房（一九六三）
論語　（新釈漢文大系1）　吉田賢抗　明治書院（一九六〇）
論語　（岩波文庫）　金谷治　岩波書店（一九六三）
論語　上・下　（新訂中国古典選2・3）　吉川幸次郎　朝日新聞社（一九六五〜六六。同〈文庫版〉一九七八。また、筑摩書房刊『吉川幸次郎全集』4所収）
口語訳論語　（筑摩叢書）　倉石武四郎　筑摩書房（一九七〇）
論語　（中公文庫）　貝塚茂樹　中央公論社（一九七三）
論語　（中国詩文選4）　桑原武夫　筑摩書房（一九七四）
論語　（講談社文庫）　木村英一　講談社（一九七五）
論語　（全釈漢文大系1）　平岡武夫　集英社（一九七九）
論語　（中国の古典1）　藤堂明保　学習研究社（一九八一）
〔研究書など〕
論語之研究　武内義雄　岩波書店（一九三九。一九七二再刊）
論語と孔子の思想　津田左右吉　岩波書店（一九四六。また、岩波書店刊『津田左右吉全集』14所収）
論語総説　藤塚鄰　弘文堂（一九四九）
孔子―その人とその伝説　H・G・クリール／田島道治訳　岩波書店（一九六一）

仁の古義の研究　竹内照夫　明治書院（一九六四）
孔子と論語　木村英一　創文社（一九七一）
孔子伝　（中公叢書）　白川静　中央公論社（一九七二）
古代中国思想の研究―〈孔子伝の形成〉と儒墨集団の思想と行動　渡辺卓　創文社（一九七三）
論語の新研究　宮崎市定　岩波書店（一九七四）
論語解釈の疑問と解明　合山究　明徳出版社（一九八〇）
孔子　（人類の知的遺産4）　金谷治　講談社（一九八〇）
論語新探―論語とその時代　趙紀彬／高橋均訳　大修館書店（一九八一）
中国古代説話の思想史的考察　小野沢精一　汲古書院（一九八二）
論語物語　（角川文庫等）　下村湖人　角川書店（一九五一）
孔子　（岩波新書）　貝塚茂樹　岩波書店（一九五一）
論語私感　（新潮文庫等）　武者小路実篤　新潮社（一九五四）
孔子　（角川文庫）　和辻哲郎　角川書店（一九五五）
中国の知恵―孔子について　（新潮文庫）　吉川幸次郎　新潮社（一九五八。また、『吉川幸次郎全集』5所収）
論語―現代に生きる中国の知恵　（現代新書）　貝塚茂樹　講談社（一九六四）
論語の世界　（NHKブックス）　金谷治　日本放送出版協会（一九七〇）
論語について　（講談社学術文庫）　吉川幸次郎　講談社（一九七六。また、『吉川幸次郎全集』5所収）

論語の散歩道　重沢俊郎　日中出版(一九七九)
孔子・老子・釈迦「三聖会談」(講談社学術文庫)　諸橋轍次　講談社(一九八二)

2　墨家集団の思想

〔原典など〕

墨子　上・下(漢籍国字解全書20・21)　牧野謙次郎
和訳墨子(和訳漢文叢書9)　田岡嶺雲　玄黄社
墨子間詁(漢文大系14)　孫詒譲　小柳司気太校訂　冨山房(一九七二再刊)
国訳墨子(国訳漢文大成)　小柳司気太

〔訳注〕

諸子百家…墨子(世界古典文学全集19)　森三樹三郎　筑摩書房(一九六五)
諸子百家…墨子(世界の名著10)　金谷治　中央公論社(一九六六)
墨子(中国古典新書)　高田淳　明徳出版社(一九六七)
墨子(中国古典文学大系5)　藪内清　平凡社(一九六八)
墨子　上・下(全釈漢文大系18・19)　渡辺卓・新田大作　集英社(一九七四・七七)
墨子(人類の知的遺産6)　本田済　講談社(一九七八)
墨子　上(新釈漢文大系50)　山田琢　明治書院(一九七五)

〔研究書など〕

楊墨哲学　高瀬武次郎　金港堂書籍(一九〇二)

墨子論　〈東洋思想の研究〉　小柳司気太　関書院（一九三四）
墨子　〈東洋思想叢書13〉　内野熊一郎　日本評論社（一九四二）
墨子の研究　大塚伴鹿　森北書店（一九四三）
墨家思想　〈『講座　東洋思想』4所収〉　渡辺卓　東京大学出版会（一九六七）
古代中国思想の研究―〈孔子伝の形成〉と儒墨集団の思想と行動　渡辺卓（前掲）
中国古代思想論　大浜晧　勁草書房（一九七七）

3　孟子の王道論

〔原典など〕

孟子　一四巻　後漢　趙岐（古注）
孟子集注　七巻　宋　朱熹（新注）
四書訓蒙輯疏　二九巻　安部井褧（一八四三刊）
孟子正義　一四巻　清　焦循
孟子字義疏証　〈中国文明選8〉　清　戴震／安田二郎訳　朝日新聞社（一九七一）
孟子古義　七巻　伊藤仁斎
孟子定本　〈漢文大系1〉　安井息軒　冨山房（一九七二再刊）
講孟余話　〈岩波文庫〉　吉田松蔭　岩波書店（一九八三）
孟子示蒙句解　〈漢籍国字解全書2〉　中村惕斎
国訳孟子　〈国訳漢文大成〉　服部宇之吉

孟子新釈（昭和漢文叢書）　内野台嶺

〔訳注〕
孟子（新釈漢文大系4）　内野熊一郎　明治書院（一九六二）
孟子　上・下（岩波文庫）　小林勝人　岩波書店（一九六八・七二）
孟子（新訂中国古典選5）　金谷治　朝日新聞社（一九六六。同〈文庫版〉一九七八）
孔子・孟子（世界の名著3）　貝塚茂樹　中央公論社（一九六六）
孟子（世界古典文学全集18）　湯浅幸孫　筑摩書房（一九七一）
孟子（中国古典文学大系3）　藤堂明保　平凡社（一九七〇）
孟子（中国古典新書）　渡辺卓　明徳出版社（一九七一）
孟子（全釈漢文大系2）　宇野精一　集英社（一九七三）
新釈孟子（学術文庫）　穂積重遠　講談社（一九八〇）
孟子（中国の古典4）　大島晃　学習研究社（一九八三）

〔研究書など〕
春秋倫理思想史　綱島梁川（一九〇七）
王道政治思想（『岩波講座　東洋思潮』7所収）　津田左右吉　岩波書店（一九三四。また、『津田左右吉全集』18所収）
儒教成立史の一側面　津田左右吉（一九二五。『津田左右吉全集』16所収）
古代諸思潮の成立と展開（社会構成史大系3）　重沢俊郎　日本評論社（一九四九）
中国上代思想の研究　栗田直躬　岩波書店（一九五〇）

中国の革命思想　小島祐馬　弘文堂(一九五〇)
中国古代の帝王思想　(社会構成史大系9)　板野長八　日本評論社(一九五一)
儒教の研究3　津田左右吉　岩波書店(一九五六。『津田左右吉全集』18所収)
社会思想史上における孟子　(カルピス文化叢書3)　小島祐馬　三島学術財団(一九六七)
本邦中世までにおける孟子受容史の研究　井上順理　風間書房(一九七二)
中国古代における人間観の展開　板野長八　岩波書店(一九七二)
孟子—その行動と思想　伊藤倫厚　評論社(一九七三)
孟子之綜合的研究　市川本太郎　市川先生記念会(一九七四)
論語孟子研究　狩野直喜　みすず書房(一九七七)
孟子研究　猪口篤志　笠間書院(一九七九)
孟子　(センチュリーブックス　人と思想37)　加賀栄治　清水書院(一九八〇)

4　荘子と老子

荘　子

〔原典など〕

荘子　三十三篇　晋　郭象注
南華真経注疏　唐　成玄英
荘子翼　(漢文大系9)　明　焦竑
荘子国字解　(漢籍国字解全書28・29)　牧野謙次郎

荘子俚諺鈔（漢籍国字解全書9）　毛利貞斎
国訳荘子（国訳漢文大成）　小柳司気太
荘子新釈（昭和漢文叢書）　坂井喚三
〔訳注〕
荘子（新訂中国古典選7・8・9）　福永光司　朝日新聞社（一九六六〜六七）
荘子（新釈漢文大系7・8）　市川安司・遠藤哲夫　明治書院（一九六六・六七）
荘子（中国古典新書）　阿部吉雄　明徳出版社（一九六八）
老子・荘子（世界の名著4）　小川環樹・森三樹三郎　中央公論社（一九六八。また、森三樹三郎「荘子」のみも中公文庫にて単刊、一九七四）
荘子　上・下（全釈漢文大系16・17）　赤塚忠　集英社（一九七四・七七）
荘子　全四冊（岩波文庫）　金谷治　岩波書店（一九七一〜一九八三）
荘子　上（中国の古典5）　池田知久　学習研究社（一九八三）
〔研究書など〕
老子と荘子　武内義雄　岩波書店（一九三〇。また、角川書店刊『武内義雄全集』6所収）
宗教的人間　前田利鎌　岩波書店（一九三二。また、雪華社より再刊、一九七九）
老荘の思想と道教　小柳司気太　関書院（一九三五）
道家の思想とその展開　津田左右吉　岩波書店（一九三九。また、『津田左右吉全集』13所収）
荘子―古代中国の実存主義（中公新書）　福永光司　中央公論社（一九六四）
「無」の思想―老荘思想の系譜　森三樹三郎　講談社（一九六九）

神なき時代　森三樹三郎　講談社(一九七六)
荘子伝　原田憲雄　木耳社(一九七九)
荘子を読む　後藤基巳　勁草書房(一九八三)
荘子のこころ　(有斐閣新書)　沢田多喜男　有斐閣(一九八三)

老　子

〔原典など〕

老子　魏　王弼注
老子　河上公注
老子翼　(漢文大系9)　明　焦竑
老子全解　太田晴軒
国訳老子　(国訳漢文大成)　小柳司気太
老子諸注大成　関儀一郎編　井田書店(一九四二)

〔訳注〕

老子　(岩波文庫)　武内義雄　岩波書店(一九三八)
老子・荘子　上　(新釈漢文大系7)　阿部吉雄　明治書院(一九六六)
老子　(中国古典新書)　山室三良　明徳出版社(一九六七)
老子　(新訂中国古典選6)　福永光司　朝日新聞社(一九六八)
老子・荘子　(世界の名著4)　小川環樹・森三樹三郎　中央公論社(一九六八。また、小川環樹「老子」のみも中公文庫にて単刊、一九七三)

老子（中国古典文学大系4）　金谷治　平凡社（一九七三）
老子（全釈漢文大系15）　斎藤晌　集英社（一九七九）
老子・列子（中国の古典2）　麦谷邦夫　学習研究社（一九八三）
The Way and its Power, A Study of the Tao Tê Ching and its Place in the Chinese Thought
（「老子」英訳）Arthur Waley, London, 1934

〔研究書など〕

老子原始　武内義雄　弘文堂（一九二六。また、『武内義雄全集』5所収）
老子之研究　武内義雄　改造社（一九二七。また、『武内義雄全集』5所収）
老子　長谷川如是閑　大東出版社（一九三六）
道家の思想とその展開　津田左右吉（前掲）
老子年代考　山下寅次　六盟館（一九四〇）
老荘思想　安岡正篤　福村書店（一九四六）
老子（角川新書）　山田統　角川書店（一九五七。また、明治書院刊『山田統著作集』2所収）
老子の新研究　木村英一　創文社（一九五九）
老子の哲学　大浜晧　勁草書房（一九六二）
老子原義の研究　加藤常賢　明徳出版社（一九六六）
老子校正　島邦夫　汲古書院（一九七三）
老子道徳経研究　波多野太郎　国書刊行会（一九七九）
老子伝説の研究　楠山春樹　創文社（一九七九）

孔子・老子・釈迦「三聖会談」（講談社学術文庫）　諸橋轍次（前掲）

5 〝礼〟と荀子

〔原典など〕

孫卿子　一二巻　荀況（『漢書』芸文志～『旧唐書』経籍志）
荀子　二〇巻　唐　楊倞注
荀子補遺　猪飼彦博（猪飼敬所）
荀子集解　清　王先謙
荀子（漢文大系15）　服部宇之吉校訂（王先謙「集解」本に、久保愛「増注」・猪飼彦博「補遺」を加えたもの）　冨山房（一九七四再刊）
荀子簡釈　梁啓雄（一九五五再刊）
国訳荀子（国訳漢文大成）　笹川臨風
荀子国字解　上・下（漢籍国字解全書）　桂五十郎
荀子新釈（昭和漢文叢書）　山口察常

〔訳注〕

荀子　上・下（岩波文庫）　金谷治　岩波書店（一九六一・六二）
荀子　上・下（新釈漢文大系5・6）　藤井専英　明治書院（一九六六・六九）
諸子百家…荀子（世界古典文学全集19）　常盤井賢十　筑摩書房（一九六五）
諸子百家…荀子（世界の名著10）　小野四平・沢田多喜男　中央公論社（一九六六）

荀子（中国古典文学大系3） 竹岡八雄・日原利国(訳文のみ) 平凡社(一九七〇)
〔研究書など〕
周漢思想研究 重沢俊郎 弘文堂(一九四三)
荀子（東洋思想叢書13） 石黒俊逸 日本評論社(一九四三)
荀子思想論考 藤井専英 書籍文物流通会(一九六一)
荀子（中国古典新書） 木全徳雄 明徳出版社(一九七三)
荀子―古代思想家の肖像 内山俊彦 評論社(一九七六)
荀子注釈史上における邦儒の活動 藤川正数 風間書房(一九八〇)

6 諸子百家

諸子百家全般

〔研究書など〕
諸子概説 武内義雄 弘文堂(一九三五)
古代支那研究 小島祐馬 弘文堂(一九四三)
中国四大思想 重沢俊郎 日本科学社(一九四八)
中国上代思想の研究 栗田直躬 岩波書店(一九四九)
中国古代の思想家たち 上・下 (『十批判書』) 郭沫若／野原四郎・上原淳道訳 岩波書店(一九五三・五七)
諸子百家の倫理思想 (世界倫理思想史叢書 中国篇4所収) 鈴木由次郎 学芸書房(一九五

九）
中国古代の社会と国家　増淵龍夫　弘文堂（一九六〇）
諸子百家―中国古代の思想家たち　（岩波新書）　貝塚茂樹　岩波書店（一九六一）
中国の思想家　上　（宇野哲人博士米寿記念論集）　東京大学文学部中国哲学研究室　勁草書房（一九六三）
中国の哲学　阿部吉雄　明徳出版社（一九六四）
諸子百家　（世界古典文学全集19）　貝塚茂樹編　筑摩書房（一九六五）
諸子百家　（世界の名著10）　金谷治編　中央公論社（一九六六）
講座　東洋思想　3・4　宇野精一他編　東京大学出版会（一九六七）
古代中国の精神　（筑摩叢書）　貝塚茂樹　筑摩書房（一九六七）
漢書芸文志　（中国古典新書）　鈴木由次郎　明徳出版社（一九六八）
諸子学概説　市川本太郎　敬文社（一九六八）
明解諸子　竹内照夫　明治書院（一九六九）
諸子百家論　（『岩波講座　世界歴史』4所収）　小倉芳彦　岩波書店（一九七〇）
上古より漢代に至る性命観の展開　（東洋学叢書）　森三樹三郎　創文社（一九七一）
中国古代における人間観の展開　板野長八　岩波書店（一九七二）
古代中国思想の研究―〈孔子伝の形成〉と儒墨集団の思想と行動　渡辺卓　創文社（一九七三）
中国古代思想論　大浜晧　勁草書房（一九七七）
中国思想源流の考察　原富男　朝日出版社（一九七九）

中国古代思想史論　上野直明　成文堂（一九八〇）
中国哲学の探究（東洋学叢書）　木村英一　創文社（一九八一）
中国古代思想論考　穴沢辰雄　汲古書院（一九八二）

名　家

〔研究書など〕

儒教の研究2　津田左右吉　岩波書店（一九五一。『津田左右吉全集』17所収）
中国古代の思想家たち　上・下（『十批判書』）　郭沫若／野原四郎・上原淳道訳　岩波書店（一九五三・五七）
中国古代の論理　大浜晧　東京大学出版会（一九五九）
中国的思惟の伝統―対立と統一の原理　大浜晧　勁草書房（一九六九）
荘子　下（全釈漢文大系17）　赤塚忠　集英社（一九七七）
中国論理学史研究　加地伸行　研文出版（一九八三）

法　家

〔原典など〕

韓非子集解　清　王先謙
読韓非子　荻生徂徠（河出書房新社刊『荻生徂徠全集』3所収）
韓非子翼《よく》毳《ぜい》（漢文大系8）　太田全斎　冨山房（一九七二再刊）

〔訳注〕

韓非子　上・下（新釈漢文大系11・12）　竹内照夫　明治書院（一九六〇・六四）

韓非子　上・下　角川文庫　常石茂　角川書店(一九六八)
韓非子・墨子(中国古典文学大系5)　柿村峻・藪内清　平凡社(一九六八)
韓非子　本田済　筑摩書房(一九六九)
韓非子　上・下(全釈漢文大系20・21)　小野沢精一　集英社(一九七五・八〇)

〔研究書など〕

法家思想の研究　木村英一　弘文堂(一九四四)
法家の法実証主義　田中耕太郎　福村書店(一九四七)
法家思想(『講座　東洋思想』4所収)　小野沢精一　東京大学出版会(一九六七)
中国古代における人間観の展開　板野長八(前掲)
中国古代の論理　大浜晧(前掲)

兵　家

〔訳注〕

孫子新釈　藤塚鄰・森西州　弘道館(一九四三)
孫子(岩波文庫)　金谷治　岩波書店(一九六三)
孫子(中国古典新書)　田所義行　明徳出版社(一九六七)
孫子・呉子(新釈漢文大系36)　天野鎮雄　明治書院(一九七二)
孫子・呉子(全釈漢文大系22)　山井湧　集英社(一九七五)
孫臏兵法　銀雀山漢墓竹簡整理小組編／金谷治訳注　東方書店(一九七六)
孫子・呉子(中国の古典3)　細川一敏　学習研究社(一九八二)

〔研究書など〕
孫子の研究　岡村誠之　立花書店(一九五二)
孫子の体系的研究　佐藤堅司　風間書房(一九六三)

7　陰陽思想と「易伝」

陰陽思想

〔研究書など〕
周漢思想研究　重沢俊郎(前掲)
中国上代陰陽五行思想の研究　小林信明　講談社(一九五一)
五行思想と礼記月令の研究　島邦男　汲古書院(一九七一)
五行大義　(中国古典新書)　中村璋八　明徳出版社(一九七三)

易

〔原典など〕
周易・伝習録　(漢文大系16)　冨山房
〔訳注〕
易経　上・下　(岩波文庫)　高田真治・後藤基巳　岩波書店(一九六九)
易　(新訂中国古典選1)　本田済　朝日新聞社(一九六六。〈文庫版〉あり)
易経　上・下　(全釈漢文大系9・10)　鈴木由次郎　集英社(一九七四)
易経　(中国の思想7)　丸山松幸　経済思潮研究会(一九六五)

易経（中国古典新書）　赤塚忠　明徳出版社（一九七四）
〔研究書など〕
支那経学史論　本田成之　弘文堂（一九二七）
易と中庸の研究　武内義雄　岩波書店（一九四三。また、『武内義雄全集』3所収）
漢易研究　鈴木由次郎　明徳出版社（一九六三）
太玄易の研究　鈴木由次郎　明徳出版社（一九六四）
易経注釈史綱　戸田豊三郎　風間書房（一九六八）

8　司馬遷と歴史記録

司馬遷

〔研究書など〕
司馬遷・史記の世界（東洋思想叢書）　武田泰淳　日本評論社（一九四三。また一九七二刊・講談社文庫など）
司馬遷（筑摩叢書）　バートン・ワトソン／今鷹真訳　筑摩書房（一九七四）
司馬遷の経学（『読書籑余』所収）　狩野直喜　弘文堂（一九四七。一九八〇再刊、みすず書房）
司馬遷の自由放任説（『中国の社会思想』所収）　小島祐馬　筑摩書房（一九六七）
司馬遷の生年に関する一新説（『桑原隲《じつ》蔵全集』2所収）　桑原隲蔵　岩波書店（一九六八）
司馬遷の史学管見（『周漢思想研究』所収）　重沢俊郎（前掲）

司馬遷の史学に於ける運命の問題（『貝塚茂樹著作集』7所収） 貝塚茂樹 中央公論社（一九七七）
史観の喪失―司馬遷の史学について（同右） 貝塚茂樹
司馬遷 岡崎文夫 弘文堂（一九四八）
表現者の態度Ⅰ―司馬遷の発憤書著の説について（『高橋和巳作品集』9所収） 高橋和巳 河出書房（一九七三）
司馬遷―史記の成立（人物シリーズ） 大島利一 清水書院（一九七二）
司馬遷と史記（新潮選書） エゾアール・シャバンヌ／岩村忍訳 新潮社（一九七五）

史記

〔原典など〕

史記会注考証 1～14 滝川亀太郎 東方文化学院東京研究所（一九三二～三三。また、一九五六～六〇再刊、史記会注考証校補刊行会）
史記会注考証校補 (1)～(8) 水沢利忠 同刊行会（一九五七～六一）
史記列伝 上・下（漢文大系6・7） 重野安繹《やすつぐ》 冨山房（一九七二再刊）
史記国字解（漢籍国字解全書） 桂五十郎他
国訳史記（国訳漢文大成） 公田連太郎

〔訳注〕

史記平準書・漢書食貨志（岩波文庫） 加藤繁 岩波書店（一九四二。一九七七再刊）
史記楚漢篇（中国古典選10） 田中謙二・一海知義 朝日新聞社（一九五八）

史記(1)・(2)（筑摩世界文学大系5A・5B）小竹文夫・小竹武夫　筑摩書房（一九六二）
史記春秋戦国篇（中国古典選11）田中謙二・一海知義　朝日新聞社（一九六三）
史記漢武篇（中国古典選12）田中謙二・一海知義　朝日新聞社（一九六八）
史記　上・中・下（中国古典文学大系10・11・12）野口定男・近藤光男・頼惟勤・吉田光邦（一九六八・六九・七一）
史記列伝（世界古典文学全集20）小川環樹・今鷹真・福島吉彦　筑摩書房（一九六九）
史記（列伝）・漢書（列伝）（世界文学全集4）小川環樹・今鷹真・福島吉彦・三木克己　筑摩書房（一九七〇）
史記（中国古典新書）福島中郎　明徳出版社（一九七二）
史記補注　上（本紀・世家）下（列伝）池田四郎次郎　明徳出版社（一九七二・七五）
史記　1〜7（新釈漢文大系）吉田賢抗　明治書院（一九七三〜八二）
史記（中国詩文選7）一海知義　筑摩書房（一九七三）
史記列伝(1)〜(5)（岩波文庫）小川環樹・今鷹真・福島吉彦　岩波書店（一九七五）
〔研究書など〕
史記著作考—司馬遷史記訳注序（支那学翻訳叢書之五）エゾアール・シャバンヌ／岩村忍訳　文求堂（一九三九）
史記編述年代考　山下寅次　六盟館（一九四〇）
史記貨殖列伝について（『漢代社会経済史研究』所収）宇都宮清吉　弘文堂（一九五五）
史記（中公新書）貝塚茂樹　中央公論社（一九六二）

史記貨殖伝物価考証（『アジア史論考』中所収）宮崎市定　朝日新聞社（一九七六）
身振りと文学―史記成立についての一試論（同右）宮崎市定
常識への反抗―司馬遷「史記」の立場（『吉川幸次郎全集』6所収）吉川幸次郎（一九六四）
司馬遷の「史記」（吉川幸次郎編『中国文学論集』所収）バートン・ワトソン　新潮社（一九六六）
史記貨殖列伝と漢代の地理区（『中国歴史地理研究』所収）日比野丈夫　同朋社出版部（一九七七）

書　経

〔原典など〕

毛詩・尚書（漢文大系12）服部宇之吉・星野恆　冨山房（一九七二再刊）

〔訳注〕

尚書正義　全4冊　吉川幸次郎　岩波書店（一九四三。また、『吉川幸次郎全集』8〜10所収）
書経（世界古典文学全集2）尾崎雄二郎他　筑摩書房（一九六九）
書経・易経（中国古典文学全集1）赤塚忠　平凡社（一九七二）
書経（中国古典新書）野村茂夫　明徳出版社（一九七四）
尚書（全釈漢文大系11）池田末利　集英社（一九七六）
書経　上（新釈漢文大系25）加藤常賢　明治書院（一九八三）

〔研究書など〕

経書の成立　平岡武夫　全国書房（一九四六）

経書の伝統　平岡武夫　岩波書店(一九五一。一九七四再刊)
中国古代史学の発展　貝塚茂樹　弘文堂(一九四六。また、筑摩書房刊『貝塚茂樹著作集』4)
古文尚書の研究　小林信明　大修館書店(一九五九)

春　秋

〔原典など〕
春秋左氏会箋　上・下　(漢文大系10・11)　竹添進一郎　冨山房(一九七四再刊)
国訳春秋左氏伝　(国訳漢文大成17～24)　児島献吉郎
春秋左氏伝国字解　(漢籍国字解全書)　山口剛他
〔訳注〕
春秋左氏伝　(中国古典文学大系2)　竹内照夫　平凡社(一九六八)
春秋左氏伝　1～4　(新釈漢文大系30～33)　鎌田正　明治書院(一九七一～八一)
〔研究書など〕
支那古代史論　(東洋文庫論叢)　飯島忠夫　東洋文庫(一九二五)
宋儒と正名　(『儒学の目的と宋儒―慶暦至慶元百六十年間―の活動』所収)　諸橋轍次　大修館書店(一九二九。また、大修館書店刊『諸橋轍次著作集』1所収)
左伝真偽考　B・カールグレン／小野忍訳　文求堂(一九三九)
春秋　(東洋思想叢書)　竹内照夫　日本評論社(一九四二)
周漢思想研究　重沢俊郎(前掲)
中国古代政治思想　中江丑吉　岩波書店(一九四八)

今古文の争点の中心としての公羊と左伝　（『両漢学術考』所収）　狩野直喜　筑摩書房（一九六四）
左伝の思想史的研究　津田左右吉　岩波書店（一九五八。また、『津田左右吉全集』15所収）
左伝の成立と其の展開　鎌田正　大修館書店（一九六三）
春秋左氏伝　（中国古典新書）　鎌田正　明徳出版社（一九六八）
中国古代政治思想研究―左伝研究ノート　小倉芳彦　青木書店（一九七〇）
春秋公羊伝の研究　日原利国　創文社（一九七六）
春秋学論考　佐川修　東方書店（一九八三）

国語・戦国策その他

〔訳注〕
国語　（中国古典新書）　大野峻　明徳出版社（一九六九）
国語　上・下　（新釈漢文大系66・67）　大野峻　明治書院（一九七五・七八）
戦国策・国語（抄）・論衡（抄）　（中国古典文学大系7）　常石茂・大滝一雄　平凡社（一九七二）
戦国策　（中国古典文学全集2）　後藤基巳他　平凡社（一九五八）
戦国策　全2冊　（中国古典新書）　沢田正熙　明徳出版社（一九六八・六九）
戦国策　上・中・下　（東洋文庫）　常石茂　平凡社（一九七〇）
戦国策　上・中・下　（全釈漢文大系23〜25）　近藤光男　集英社（一九七五〜八〇）

9　黄老思想と董仲舒

呂氏春秋

〔原典など〕

国訳呂氏春秋（国訳漢文大成）　藤田豊八

〔訳注〕

呂氏春秋（中国古典新書）　内野熊一郎・中村璋八　明徳出版社（一九七六）

黄老思想他

〔研究書など〕

後漢の逃避思想（『中国古代における自然思想の展開』所収）　松本雅明　松本雅明博士還暦記念会（一九七三）

黄老から老荘及び道教へ―両漢時代における老子の学（『老子の新研究』所収）　木村英一　創文社（一九五八）

漢初の道家思潮（『秦漢思想史研究』所収）　金谷治　日本学術振興会（一九六〇）

賈誼と賈山と経典学者たち―漢初儒生の活動(二)（同右）　金谷治

賈誼について（同右・付録）　金谷治

漢書賈誼伝について（『秦漢政治制度の研究』所収）　鎌田重雄　日本学術振興会（一九六二）

淮南子

〔原典など〕

淮南子・孔子家語（漢文大系20）　服部宇之吉　冨山房（一九七七再刊）

国訳淮南子（国訳漢文大成）　後藤朝太郎

淮南子国字解　全2冊（漢籍国字解全書43・44）　菊池三九郎

〔訳注など〕
和訳淮南子　田岡嶺雲（一九一一）
現代語訳淮南子　小野機太郎（一九二五）
淮南子（中国古典新書）　楠山春樹　明徳出版社（一九七〇）
淮南子・説苑（抄）（中国古典文学大系6）　戸川芳郎他　平凡社（一九七五）
淮南子　上・中・下（新釈漢文大系）　楠山春樹　明治書院（一九八一〜八八）

〔研究書など〕
老荘的世界―淮南子の思想　金谷治　平楽寺書店（一九五九）
秦漢思想史研究　金谷治（前掲）
劉安（『中国の思想家』上所収）　赤塚忠　勁草書房（一九六三）
淮南子に現われた気の研究　平岡禎吉　漢魏文化研究会（一九六一。また、〈改訂版〉理想社、一九七六）

董仲舒・春秋繁露

〔研究書など〕
董仲舒研究（『周漢思想研究』所収）　重沢俊郎（前掲）
董仲舒（『中国の思想家』上所収）　山田琢（前掲）
孔子から董仲舒へ（『中国古代政治思想研究』所収）　小倉芳彦（前掲）
董仲舒（『講座 東洋思想』2所収）　鈴木由次郎　東京大学出版会（一九六七）

儒家思想の本質　（同右）　宇野精一
儒家思想の歴史的概観　（同右）　赤塚忠
天数十月論―「春秋繁露」研究序説　（『中国哲学史の展望と摸索』所収）　伊藤計　創文社（一九七六）

10　儒教と経学

〔研究書など〕

儒の意義　（『支那学文藪』所収）　狩野直喜　弘文堂（一九二七。また、みすず書房より再刊、一九七三）
経史論考　諸橋轍次　清水書店（一九四五。また、『諸橋轍次著作集』3所収）
儒教倫理概論　服部宇之吉　冨山房（一九四一）
儒教の精神　（岩波新書）　武内義雄　岩波書店（一九四三。また、『武内義雄全集』4所収）
原始儒家思想と経学　重沢俊郎　岩波書店（一九四九）
儒教の実践道徳　（『津田左右吉全集』18所収）　津田左右吉　岩波書店（一九六五）
中国思想Ｉ　（『講座　東洋思想』2）　宇野精一他編　東京大学出版会（一九六七）
支那の孝道　殊に法律上より観たる支那の孝道　（『桑原隲蔵全集』3所収）　桑原隲蔵　岩波書店（一九六八）
仏教と儒教倫理　（サーラ叢書）　道端良秀　平楽寺書店（一九六八）
経学歴史　皮錫瑞／周予同注釈　中華書局（北京）（一九五九）

十三経概論　蔣伯潜　上海古籍出版社（一九八三）
経学研究序説（『諸橋轍次著作集』2所収）　諸橋轍次　大修館書店（一九七六）
秦代における経書経説の研究　別篇　内野熊一郎　東方文化学院（一九三九）
漢初経書学の成立　内野熊一郎　清水書店（一九四二）
経書の成立　平岡武夫　全国書房（一九四六）
経書の伝統　平岡武夫　岩波書店（一九五一。一九七四再刊）
両漢学術考　狩野直喜　筑摩書房（一九六四）
魏晋文学考　狩野直喜　筑摩書房（一九六八）
朱子・陽明（大教育家文庫）　武内義雄　岩波書店（一九三六。また、『武内義雄全集』4所収）
支那哲学史—近世儒学　宇野哲人　宇野先生八十寿賀記念会編　宝文館（一九五四）
儒学の目的と宋儒—慶暦至慶元百六十年間—の活動（『諸橋轍次著作集』1所収）　諸橋轍次（前掲）
朱子学と陽明学（岩波新書）　島田虔次　岩波書店（一九六七）
宋明時代儒学思想研究　楠本正継　広池学園出版部（一九六二）
中国近世思想研究　安田二郎　弘文堂書房（一九四八）
東洋政治思想史研究　守本順一郎　未来社（一九六七）
元明時代の儒教　秋月胤継　甲子社書房（一九二八）
中国における近代思惟の挫折　島田虔次　筑摩書房（一九七〇）

仏教と儒教　荒木見悟　平楽寺書店（一九六三）
焚書—明代異端の書（東洋文庫）　李卓吾／増井経夫訳　平凡社（一九六九）
明代思想研究（東洋学叢書）　荒木見悟　創文社（一九七二）
中国革命の先駆者たち（筑摩叢書）　島田虔次　筑摩書房（一九六五）
明夷待訪録—中国近代思想の萌芽（東洋文庫）　黄宗羲／西田太一郎訳　平凡社（一九六四）
黄宗羲（人類の知的遺産33）　山井湧　講談社（一九八三）
揚州十日記（東洋文庫）　王秀楚／松枝茂夫訳　平凡社（一九六五）
王船山詩文集（東洋文庫）　高田淳訳　平凡社（一九八一）
顧炎武集（中国文明選7）　清水茂訳　朝日新聞社（一九七四）
明清思想史の研究　山井湧　東京大学出版会（一九八〇）
中国前近代思想の屈折と展開　溝口雄三　東京大学出版会（一九八〇）
中国の封建的世界像　岩間一雄　未来社（一九八二）
清代学術概論—中国のルネッサンス（東洋文庫）　梁啓超／小野和子訳注　平凡社（一九七四）
清の学術と思想（『中国哲学史』所収）　狩野直喜　岩波書店（一九五三）
清代三省の学術（『吉川幸次郎全集』16所収）　吉川幸次郎　筑摩書房（一九七〇）
銭謙益と清朝「経学」（同右）　吉川幸次郎
戴震集（中国文明選8）　近藤光男・安田二郎　朝日新聞社（一九七一）
説文入門　頼惟勤監修・説文会編　大修館書店（一九八三）
中国の近代と儒教—戊戌変法の思想（紀伊国屋新書）　高田淳　紀伊国屋書店（一九七〇）

現代中国思想　福井康順　早稲田大学出版部(一九五五)

11　漢家の復興

劉向・劉歆

〔訳注〕

列女伝　(中国古典新書)　荒城孝臣　明徳出版社(一九六九)

説苑　(中国古典新書)　高木友之助　明徳出版社(一九六九)

淮南子・説苑(抄)　(中国古典文学大系6)　戸川芳郎他(前掲)

新序　(中国古典新書)　広常人世　明徳出版社(一九七三)

漢書芸文志　(中国古典新書)　鈴木由次郎　明徳出版社(一九六八)

劉歆「移太常博士書」(『漢書』楚元王伝所収)　小竹武夫訳　筑摩書房

〔研究書など〕

劉向に於ける古文学的性格について　(『左伝の成立と其の展開』所収)　鎌田正(前掲)

両漢学術考　狩野直喜(前掲)

班固・漢書

〔訳注〕

漢書・後漢書・三国志列伝選　(中国古典文学大系13)　本田済　平凡社(一九六八)

漢書　上・中・下　小竹武夫　筑摩書房(一九七七〜八〇)

漢書　(中国詩文選8)　福島吉彦　筑摩書房(一九七六)

史記平準書・漢書食貨志（岩波文庫）　加藤繁（一九四二。一九七七再刊）
〔研究書など〕
漢書補注補（『両漢学術考』所収）　狩野直喜（前掲）
班固の詠史詩について（『吉川幸次郎全集』6所収）　吉川幸次郎　筑摩書房（一九七四）
漢書律暦志の研究（東方文化研究所報告）　能田忠亮・藪内清　東方文化研究所（京都）（一九四七）

12　讖緯思想と王充

災異説・讖緯・緯書

〔研究書など〕
前漢の儒教と陰陽説（『儒教の研究』2所収）　津田左右吉　岩波書店（一九五〇。また、『津田左右吉全集』17所収）
漢代の祥瑞思想に関する一二の考察（『支那神話伝説の研究』所収）　出石誠彦　中央公論社（一九四三。同〈増訂版〉一九七三）
董仲舒研究（『周漢思想研究』所収）　重沢俊郎（前掲）
讖緯学を論ず（『東洋思想の研究』所収）　小柳司気太　森北書店（一九四二）
易緯について（『漢代易学の研究』所収）　小沢文四郎　明徳印刷出版社（一九七〇）
讖緯思想の綜合的研究　安居香山編　国書刊行会（一九八四）
王莽（『世界の歴史』3所収）　栗原朋信　筑摩書房（一九六〇）

重修緯書集成　1〜3、5〜6　安居香山・中村璋八編　明徳出版社(一九七一〜八一)
緯書の基礎的研究　安居香山・中村璋八　国書刊行会(一九七六)
緯書の成立とその展開　安居香山　国書刊行会(一九七九)
中国古代の学術と政治　顧頡剛／小倉芳彦訳　大修館書店(一九七八)
桓譚新論に就きて　(『老子原始』所収)　武内義雄　弘文堂(一九二六。また、『武内義雄全集』5所収)
桓譚の生卒年代　(『中国古代の家族と国家』所収)　守屋美都雄　東洋史研究会(一九六八)

王充・論衡

〔訳注〕

論衡—漢代の異端思想　(東洋文庫)　大滝一雄　平凡社(一九六六)
論衡　上・中　(新釈漢文大系68・69)　山田勝美　明治書院(一九七六・八四)

〔研究書など〕

漢代における批判哲学の成立　(東洋学術論叢第一)　重沢俊郎　大東文化研究所(一九五七)
論衡　(『中国の名著』所収)　木村英一　勁草書房(一九六一)
王充　(『中国の思想家』上所収)　小野沢精一　勁草書房(一九六三)
王充の研究　佐藤匡玄　創文社(一九八一)
中国哲学史研究　重沢俊郎　法律出版社(一九六五)

13　許慎と鄭玄

今文学・古文学

〔研究書など〕

今古文源流型の研究　内野熊一郎　東京教育大学東洋文学研究室（一九五四）
両漢学術考　狩野直喜（前掲）
左伝の成立と其の展開　鎌田正（前掲）

許慎・説文解字

〔原典など〕

説文解字注　三〇巻　清　段玉裁
説文解字義証　五〇巻　清　桂馥
説文通訓定声　一八巻　清　朱駿声
説文解字詁林　丁福保（一九五九、重印本）

〔訳注〕

訓読説文解字注―金冊（東海大学古典叢書）　尾崎雄二郎他訳注　東海大学出版会（一九八二）
説文新義　全15冊・別巻1冊　白川静　五典書院（一九六九～七四）

〔研究書など〕

説文解字（『中国の名著』所収）　藤堂明保　勁草書房（一九六一）
許慎（『中国の思想家』上所収）　大野峻　勁草書房（一九六三）
中国字書史の研究　福田襄之介　明治書院（一九七九）
説文入門　頼惟勤監修・説文会編　大修館書店（一九八三）

漢字学―「説文解字」の世界　阿辻哲次　東海大学出版会(一九八五)

鄭　玄

〔原典など〕

鄭氏佚書　清　袁鈞
通徳遺書所見録　清　孔広林
高密遺書　(『黄氏逸書考』所収)　清　黄奭

〔研究書など〕

鄭玄　(『中国の思想家』上所収)　藤堂明保　勁草書房(一九六三)
三家詩より見たる鄭玄の詩経学　大川節尚　関書院(一九三七)
鄭玄研究・饗詁編1　月洞譲　自費油印(一九五九)
中国古典解釈史　加賀栄治　勁草書房(一九六四)
清代学術概論―中国のルネッサンス　(東洋文庫)　小野和子訳注(前掲)

14　生成論と〝無〟

〔原典など〕

易緯乾鑿度　(『緯書集成』巻一上)　安居香山・中村璋八編(前掲)
潜夫論　汪継培・箋　商務印書館
淮南子・孔子家語　(漢文大系20)　服部宇之吉(前掲)

〔訳注〕

淮南子・説苑(抄)　(中国古典文学大系6)　戸川芳郎他(前掲)
太玄経　(中国古典新書)　鈴木由次郎　明徳出版社(一九七二)
〔研究書など〕
気の研究　黒田源次　東京美術(一九七七)
気の思想―中国における自然観と人間観の展開　小野沢精一・福永光司・山井湧編　東京大学出版会(一九七八)
中国古代における自然思想の展開　松本雅明(一九七三)
老荘的世界―淮南子の思想　金谷治(前掲)
なお「4　荘子と老子」の章を参照。

15　人間史のこと

〔原典など〕
漢紀　三〇巻　魏　荀悦
後漢紀　三〇巻　晋　袁宏
春秋釈例　一五巻　晋　杜預
春秋経伝集解　三〇巻　晋　杜預
帝王世紀輯本　清　張澍
古本竹書紀年輯証　方詩銘・王修齢　上海古籍出版社(一九八一)
史記索隠　唐　司馬貞

史記正義　唐　張守節
史通　唐　劉知幾　増井経夫訳　研文出版(一九八一)
広雅　三巻　魏　張揖、音　四巻　隋　曹憲

〔研究書など〕

支那史学史(『内藤湖南全集』11所収)　内藤虎次郎　筑摩書房(一九六九)
緯書の基礎的研究　安居香山　国書刊行会(一九七六)
中国思想論集　西順蔵　筑摩書房(一九八四)

本書は一九八五年三月、放送大学教材として
放送大学教育振興会より刊行された。

岩波現代文庫[学術]

G318

古代中国の思想

戸川芳郎

中国文明の始まりから漢魏の時代にいたる思想の流れを、一五のテーマで語る概説書。年表のほか詳細な参考文献と索引を付す。

2014. 9

G313
デカルト『方法序説』を読む
谷川多佳子

このあまりにも有名な著作の思索のプロセスとその背景を追究し、デカルト思想の全体像を平明に読み解いてゆく入門書の決定版。

G314
デカルトの旅／デカルトの夢
―『方法序説』を読む―
田中仁彦

謎のバラ十字団を追うデカルトの青春彷徨と「炉部屋の夢」を追体験し、『方法序説』に結実した近代精神の生誕のドラマを再現。

G315
法華経物語
渡辺照宏

『法華経』は、代表的な大乗経典であり、仏教の根本テーマが、長大な物語文学として語られる。仏教学の泰斗による『法華経』入門のための名著。

G316
フロイトとユング
―精神分析運動とヨーロッパ知識社会―
上山安敏

精神分析運動の創始者フロイトと集合的無意識の発見者ユング。二人の出会いと別離に潜む現代思想のドラマをヴィヴィッドに描く。〈解説〉鷲田清一

G317
原始仏典を読む
中村元

原始仏典を読みながら、釈尊の教えと生涯を平明に解き明かしていく。仏教の根本的思想が、わかり易く具体的に明らかにされる。

2014.9

岩波現代文庫の発足に際して

新しい世紀が目前に迫っている。しかし二〇世紀は、戦争、貧困、差別と抑圧、民族間の憎悪等に対して本質的な解決策を見いだすことができなかったばかりか、文明の名による自然破壊は人類の存続を脅かすまでに拡大した。一方、第二次大戦後より半世紀余の間、ひたすら追い求めてきた物質的豊かさが必ずしも真の幸福に直結せず、むしろ社会のありかたを歪め、人間精神の荒廃をもたらすという逆説を、われわれは人類史上はじめて痛切に体験した。

それゆえ先人たちが第二次世界大戦後の諸問題といかに取り組み、思考し、解決を模索したかの軌跡を読みとくことは、今日の緊急の課題であるにとどまらず、将来にわたって必須の知的営為となるはずである。幸いわれわれの前には、この時代の様ざまな葛藤から生まれた、人文、社会、自然諸科学をはじめ、文学作品、ヒューマン・ドキュメントにいたる広範な分野のすぐれた成果の蓄積が存在する。

岩波現代文庫は、これらの学問的、文芸的な達成を、日本人の思索に切実な影響を与えた諸外国の著作とともに、厳選して収録し、次代に手渡していこうという目的をもって発刊される。いまや、次々に生起する大小の悲喜劇に対してわれわれは傍観者であることは許されない。一人ひとりが生活と思想を再構築すべき時である。

岩波現代文庫は、戦後日本人の知的自叙伝ともいうべき書物群であり、現状に甘んずることなく困難な事態に正対して、持続的に思考し、未来を拓こうとする同時代人の糧となるであろう。

（二〇〇〇年一月）

古代中国の思想

2014年9月17日　第1刷発行

著　者　戸川芳郎《とがわよしお》

発行者　岡本　厚

発行所　株式会社 岩波書店
〒101-8002 東京都千代田区一ツ橋 2-5-5
案内 03-5210-4000　販売部 03-5210-4111
現代文庫編集部 03-5210-4136
http://www.iwanami.co.jp/

印刷・精興社　製本・中永製本

ISBN 978-4-00-600318-0　Printed in Japan

人名索引

あ 行

か 行

さ 行

た 行

な行・は行

ま行

や行

ら行

わ行

書名索引

あ 行

か 行

さ　行

た 行

な 行

は 行

ま 行

や 行

ら 行

事項索引

あ 行

か 行

さ 行

た 行

な 行

は 行

ま 行

や 行

ら 行

「参考文献」とともにこの「索引」を作成するのに，吉田純氏が大いに与かって力があった．記して謝を致す．著者．